KB217206

머 릿 말

　기독교 성지라 함은 좁게는 성경의 배경과 사건이 이루어진 곳을 말하며, 넓게는 그와 관련된 장소 뿐만 아니라 성서 시대 이후의 기독교와 관련된 모든 곳을 포함한다고 볼 수 있다.

　오늘날 성경의 배경이 된 곳은 동쪽으로는 인도에서부터 서쪽의 서바나인 스페인과 포르투갈까지이다. 기독교인이라면 누구나 한번쯤 성지를 방문하기를 바랄 것이다. 성지순례는 시간과 물질과 건강이 따라야 할 수 있는 것이다. 이 세 가지 조건을 갖추기가 쉽지 않기에 성지순례는 가기 전에 기도는 물론 건강관리와 성지순례지에 대한 준비를 해야 한다.

　본서는 성지순례를 했거나 계획을 갖고 있는 분들을 위해 현재 국가별로 성지의 가볼만한 곳을 사진과 해설로 함께 꾸며졌다. 한 국가만이 아니라 성지 중에서 꼭 필요한 성지는 모두 다루었다. 때문에 이 한권의 책으로 이스라엘을 비롯하여 요르단, 이집트, 터키, 그리스는 물론 이란과 이라크, 성경에 나오는 모든 섬까지 기본적인 안내를 받을 수 있다. 특히 이번 증보판은 사진 대부분을 최근의 것으로 교체했으며, 성지순례시 필요한 장소를 추가했고, 사진도 될 수 있는대로 많이 넣었다.

　아무쪼록 이 성지안내 책자가 성지를 찾는 이들에게 많은 도움이 되기를 바란다.

지은이 이원희 배상

은혜로운 발자취

성지순례여행

목차

CONTENTS

성지순례
짐꾸리기

여행의 준비는 짐꾸리기에서 시작됩니다. 나그네에게 눈썹 하나도 짐이 된다는 말이 있습니다. 먼길을 떠나는 여행자는 꼭 필요한 최소한의 짐을 꾸리는 것이 중요합니다.

- 성경 및 필기도구
  평소에 보시던 성경과 찬송, 수첩, 메모지 등 기록을 위한 약간의 문구류
- 기후에 맞는 복장
  활동적이고 간편한 캐쥬얼 차림이 좋습니다.
  중동지역은 우기(겨울)에는 낮에 가벼운 긴팔 의류, 밤에는 겨울 의류가 필요하며, 건기(봄, 여름, 가을)에는 낮에 반팔 의류, 밤에는 가벼운 긴팔 의류가 필요합니다. 계절에 따라 티셔츠, 면바지류, 셔츠, 스웨터, 점퍼 또는 파카류, 손수건, 속옷, 양말 등을 적절하게 준비하셔야 합니다.
  교회, 성당, 회당 등에는 특성상 지역에 따라 소매없는 상의와 반바지로 출입을 할 수 없는 지역도 있으므로 긴바지 등을 반드시 지참해야 합니다.
  ※새벽 2시에 등정하는 시내산 정상은 춥기 때문에 점퍼와 목장갑, 손전등을 준비해야 하며, 갈릴리 호수의 선상예배시에도 풍한대책이 있어야 합니다.
- 신발
  편안한 운동화, 캐쥬얼화 등 발이 편하고 가벼운 것이 좋다.
  간편한 슬리퍼를 준비하여 기내와 호텔 객실 및 사해 등에서 사용하시면 좋습니다.
- 수영복, 양산, 우산, 우의, 썬그라스
  사해 수영시 수영복(혹은 반바지)이 필요하며, 우기(겨울철)에는 우산(우의)이 필요합니다. 중동지역은 햇살이 뜨겁고 자외선 양이 많은 지역이므로 썬글라스, 모자, 썬블록 크림 등이 유용합니다.
- 세면도구
  치약, 칫솔, 면도기, 빗, 자주쓰는 화장품 등(호텔에 비치되어 있지 않은 것)

호텔에는 드라이기가 거의 비치되어 있으나, 머리 건조에만 사용할 수 있습니다. 필요에 따라 준비하시면 좋습니다.

● **카메라(밧데리, 메모리 카드, 필름)**

디지털 카메라의 메모리 카드는 사용여부를 확인하시고, 충전기와 밧데리는 반드시 지참해야 하며 충전용 밧데리가 아닌 것은 최소한 5세트 이상 구입하는 것이 좋습니다.

필름, 밧데리, 메모리 건전지는 우리나라에서 구입하시는 것이 경제적입니다.

전기사용이 꼭 필요하신 분은 대부분 220V이나 만약을 위해 미리 인터내셔날 어댑터나 콘센트를 구입하시는 것이 좋습니다.

● **약품**

해열, 진통제, 소화제, 위장약, 연고, 지사제, 멀미약, 감기약, 우황청심환, 물파스 등 개인적인 약품을 준비해야 합니다.

● **비상식량**

현지식을 드시는 것이 가장 좋으나, 간혹 음식이 입에 맞지 않는 경우가 있으므로 껌, 사탕, 초콜릿류나 마른 반찬류(김, 물 부어먹는 누룽지, 멸치), 고추장, 햇반 등을 적당히 준비하시면 음식으로 인한 고생을 줄일 수 있습니다.

김치, 마른 오징어 등 냄새나는 음식은 준비하지 않는 것이 좋습니다.

※시내산 등정 후 드실 컵라면 1-2개 또는 커피 믹스를 준비하는 것도 좋습니다.

● **여행가방**

바퀴가 부착되고 잠금장치가 있는 단단한(하드케이스) 가방과 걸어서 순례할 때 필요한 어깨에 맬 수 있는 손가방은 편리합니다.

● **손목시계**

※공동경비는 통상 일정에 따라 개인당 하루에 $10-15(10-15유로) 정도 사용하며, 운전기사와 가이드팁, 식당팁과 식당물값 등으로 사용됩니다.

해외여행시 유의사항과 예절

● 공항 출입국 및 기내

①출국시 개인 소지품 중 일정 금액이 넘는 귀중품(비디오 카메라, 귀금속 등)은 세관신고를 꼭 해야 입국(귀국)시 불이익을 당하지 않습니다.

②해외 물품 구입은 입국시 품목별 면세한도를 고려하여 구입해야 합니다. 면세한도가 초과되면 규정에 따라 세금이 부과됩니다.

③기내의 화장실은 남녀 구별이 없고, 화장실 안에서는 절대 금연이며, 문을 잠가야 불이 켜집니다.

● 현지 관광지에서의 에티켓

①개인행동은 삼가해 주시고 부득이 단체에서 이탈할 경우에는 동행한 직원에게 반드시 사전에 알려주어야 합니다.

②여행자가 많은 곳에는 도난 사고가 많으므로 개인 물품(여권, 현금, 신용카드, 카메라 등)은 철저히 관리해야 하며, 특히 현금이나 유가증권은 보험 적용이 되지 않으므로 각별히 유의해야 합니다.

③외국에서의 식당 서비스는 시간이 걸리므로 조급하게 서두르거나 큰소리로 종업원을 부르는 행동은 삼가해야 합니다.

④여행 중에 국위손상이나 현지인의 빈축을 사는 일이 없도록 언행을 주의해야 합니다.

⑤순례 중 단체에서 이탈했을 때는 단체와 헤어졌던 마지막 장소에서 기다리거나, 안내원이 지정해준 장소로 오면 됩니다(항상 현지 연락처와 호텔 이름이나 명함을 지참하는 것이 좋음).

⑥현지의 문화와 관습을 이해하고 여행 중에 불쾌한 일이 발생하지 않도록 주의해야 합니다.

●호텔에서 주의 사항

①호텔에 도착하면 인솔자가 객실을 배정해 줄 때까지 일정한 장소(로비)에서 기다려야 합니다.

②호텔 객실문은 대부분 자동으로 잠기므로 방밖으로 나올 경우에는 꼭 열쇠를 지참해야 하며, 복도나 현관, 식당에서는 맨발이나 슬리퍼, 잠옷 차림을 삼가해야 합니다.

③문단속을 철저히 하고 사용하지 않을 많은 현금이나 귀중품은 몸에 소지하거나 프론트의 안전금고에 맡겨 두어야 합니다.

④욕실 사용시 욕조 밖으로 물이 넘치지 않도록 커튼을 욕조 안쪽으로 넣어 사용해야 합니다. 만약 물이 넘쳐 카페트가 손상되면 보상을 해야 합니다(일부 욕조를 제외하고는 배수구가 없음).

⑤외출시 열쇠는 반드시 프론트에 맡기고 호텔 안내도(호텔 명함)를 소지하면 편리합니다.

⑥체크아웃시 객실에서 사용한 것(전화, 음료, 세탁비 등)을 계산해야 합니다.

⑦체크아웃시 포터에게 부탁한 짐은 지정된 시간까지 방문밖에 두시면 호텔 직원이 로비까지 운반해 줍니다(사정에 따라 개인이 옮길 수 있음).

⑧호텔을 떠날 때 일회용을 제외한 호텔 비품(컵, 수건 등)을 가져오면 안됩니다. 비품이 분실되면 개인이 변상을 해야 합니다.

⑨실내 베란다를 이용할 경우 문이 닫히지 않게 주의해야 합니다. 대부분의 호텔은 베란다 밖에서는 잠겨진 문이 열리지 않게 되어 있습니다.

▶팁(TIP)에 관하여

우리에게는 아직 익숙하지 않지만 외국 여행시 팁을 주는 것은 고마움의 표시이자 에티켓입니다.

- ◐ 호텔 방안으로 벨 보이가 짐을 운반해 줄 때 방 당 $1(1유로) 정도
- ◐ 매일 아침 침실 정돈을 위하여 수고하는 분들을 위해 방 당 $1(1유로) 정도
- ◐ 기타 개인적인 심부름을 시킬 경우 지불 금액의 약 10% 정도
- ◐ 안내원과 운전사 등 진행에 수고하는 분들에게는 일정이 끝났을 때 적절한 금액으로 감사 표시(보통 단체는 공동경비에서 지불함)
- ◐ 식사 후 식탁에 2인당 $1(1유로) 정도입니다.

이스라엘과 요르단의 성지

성서와 관련된 유적이 있는 곳

- ● ▲ 꼭 가보도록 권하고 싶은 곳
- ● ▲ 권장하고 싶은 곳
- ✚ 특별히 관심있는 분만 가볼 곳
- ♣ 성서지역으로서 현재 국립공원
- ♣ 성서 지역 이외의 현재 국립공원
- 고딕체는 현재 지명
- ━ 일반적인 성지순례 코스(기본)
- ━ 상세한 성지순례 코스(추가)

레바논

시리아

▲헬몬산
●빌립보 가이사랴
단
✚악십
✚하솔
벳새다
고라신
가버나움
✚악고
가나
갈릴리바다
●거라사
하이파·
나사렛
디베랴
▲다볼산
✚가다라(움 케이스)
가르다·
▲갈멜산
나인✚
●엔돌
아르묵강
돌✚
므깃도
✚수넴
가이사랴✚
하롯샘
▲길보아산
벳산
요르단강출입국관리소
도단✚
✚디르사
●거라사
지중해
사마리아
▲에발산
압복강
▲세겜
숙곳✚
그리심산
요르단
실로
●아벡
단
벧엘
✚아이
강
욥바
랍바(암만)
●아벨싯딤
엠마오
알렌비다리출입국관리소
●헤스본
예루살렘
여리고
이스라엘
베다니
염성(쿰란)
●느보산
벤세메스
베들레헴
✚메드바
아스돗✚
엘라골짜기
▲에네글라임
✚헤로디움
마케루스
아스글론✚
라기스✚
✚마레사
드고아
·디본
에글론·
✚아로엘
●가사
✚헤브론
사해
아르논골짜기
✚시글락
갈멜·
엔게디
그랄✚
얏딜·
·디모나
✚마사다
✚길하레셋(케락)
✚사루헨
아랏·
·아랏
아랏✚
브엘세바✚
●브엘세바
✚소돔
·아로엘
✚소알
디모나·
세렛시내
이집트
→ 페트라(셀라)

이스라엘의 성지순례

이스라엘의 성지순례

1.국가개요

　　이스라엘은 영국의 신탁통치에서 1948년 5월 14일 독립을 선포했다. 이후 아랍 국가와의 수차례 전쟁을 치르는 가운데 이집트와 평화조약을 맺고, 1993년에는 팔레스타인 해방기구(PLO)와의 자치협정을 거치면서 화합과 평화와 분쟁의 과제를 안고 나가고 있다.

　　현대 이스라엘은 아시아, 아프리카, 유럽의 세 대륙의 교차 중심지에 위치하며 면적은 골란고원을 포함하여 남한의 1/4.5 정도이다. 인구는 2014년 현재 약 780만명이며 이중 순수 유대인은 약 600만명, 아랍계 이스라엘 시민권자는 105만명이며, 나머지는 아랍인과 소수민족이다.

　　정치는 의회민주정치 체제로 권력분립에 따라 이루어진다. 국가의 공식대표는 대통령으로 국회의원 다수의 지지로 선출한다. 대통령의 권한은 조약체결과 주요 기관장의 임명과 사면 등의 의전적인 행사에 국한된다. 의회는 크네셋(Knesset)이라 불리는데 120명으로 구성된 최고의 입법기구이다. 정부의 수반은 수상이고, 수상은 국회의원 선거때 직접투표에 의해 선출한다. 사법부는 완전히 독립되어 있고 법관은 각계에서 구성된 9인의 특별위원회의 추천으로 대통령이 임명하며 70세까지 종신제이다.

　　언어는 히브리어와 아랍어(아라비아어)가 통용어이지만 1948년까지 영국 신탁통치의 영향으로 영어가 널리 사용되고 있다. 그러므로 모든 도로와 공공장소의 표시는 히브리어와 아랍어와 영어를 표기하고 있다. 그러나 근래에는 아랍어 표기를 점차 없애고 있다. 그리고 부분적으로 각지역에 따라 각국의 언어가 사용되고 있다.

　　종교는 유대교와 이스람교(회교)가 대부분을 차지하고 있으며 그다음으로 기독교, 드루즈교, 바하이교 등도 일부를 차지하고 있다.

이스라엘에는 키브츠와 모샤브라는 집단농장이 있다. 키브츠는 사회, 경제 공동체로서 사유재산을 인정하지 않으며 모든 운영과 필요한 결정은 전체회의에서 결정된다. 반면 모샤브는 일종의 집단농촌 마을로 키브츠와는 달리 사유재산이 인정된다. 그리고 모샤브가 보유하고 있는 땅은 국가 소유이다. 그러나 점차 변화해 나가고 있다.

기후는 온대성 기후와 열대성 기후로 뚜렷하게 교체되는 계절을 보인다. 1년중 4-10월은 덥고 건조한 긴여름(건기)이 이어지며, 11-3월의 겨울(우기)에는 온난하다.

2.여행일반

(1)시차

이스라엘의 표준시는 터키와 마찬가지로 한국보다 7시간 느리다. 즉 한국이 오전 10시이면 이스라엘은 오전 3시가 된다. 썸머타임은 3(4)월에서 9(8)월까지 시행되며 이때는 한국보다 6시간이 늦다.

(2)교통 및 입국

한국과 이스라엘간에는 비자 면제협정이 체결되어 있어 비자없이 1-3개월 동안 체류할 수 있으며 연장이 가능하다. 여권에는 입국 스탬프를 찍어주는데 아랍권 여행을 위해 원하면 별지에 스탬프를 찍어준다. 특히 입국심사는 점차 간편해지나 정세에 따라 장시간 걸릴 수 있다. 이는 안전을 위한 조치이므로 차분히 기다려야 한다. 시라아와는 적대 관계에 있어 시리아 비자가 있으면 불편할 수도 있다. 이스라엘로 들어가는 국경은 항공편으로는 대부분 텔아비브(Tel

Aviv)의 벤구리온 국제공항이 있다.

해상으로는 유럽과 하이파(Haifa)를 잇는 정규노선이 있다. 그리스 피레우스 항구에서 하이파까지는 통상 배에서 3박을 해야 한다. 운항편수는 계절마다 다르다. 보통 매주 1-2편을 운항한다.

육로로는 이집트에서 들어갈 때는 홍해의 아카바만의 타바 국경과 지중해 근처의 라피아 국경이 있으나 일반인의 라피아 국경은 막혀 있다. 요르단에서 들어갈 때는 여리고 맞은편의 알렌비 다리와 요르 단강 출입국관리소와 아라바 터미날 등 세곳이 있다. 다만 알렌비로 넘어갈 경우에는 일찍 국경을 닫기 때문에 유의해야 한다.

국내 교통편은 주로 버스를 이용하며 개인적으로 일반 중형택시인 스페셜과 세룻이라는 7인승 합승택시가 있다. 기차는 악고-하이파-하데라-네탄야-헤르즈리야-텔아비브를 정기운행하고 텔아비브와 예루살렘은 매일 운행한다.

국내 항공(엘 알 항공)은 예루살렘에서 텔아비브, 하이파, 로쉬피나, 엘랏으로 왕복하는 것이 있고, 하이파에서 예루살렘, 텔아비브, 엘랏으로 왕복하는 것과 마사다에서 텔아비브의 왕복편이 있다. 이스라엘 국내 항공편도 국내에서 예약할 수 있다.

렌트카는 국제 렌트카와 현지 렌트카 업체가 이스라엘 각 도시와 벤구리온 공항에 사무소를 두고 있다. 아랍인 지역은 아랍인 회사를 이용하는 것이 좋다. 이용 자격은 21세 이상으로 사전 예약이 편리하며 국제면허증(국내면허증도 가능)과 신용카드가 필수적이다.

(3)환율과 환전

화폐는 성경에 나오는 세겔을 통화단위로 사용하고 있다. 달러와 유로화는 은행이나 우체국 외에 환전소에서 비교적 쉽게 세겔로 바꾸어 사용할 수 있다.

(4)통신

 전화는 공중전화나 우체국을 이용할 수 있는데 카드와 토큰을 사용
한다. 국제전화를 이용할 때는 카드를 구입하여 이용하는 것이 편리
하고 경제적이다. 스마트폰은 자동 로밍이 되지만 데이터를 사용하
면 많은 요금이 나오기 때문에 주의가 필요하다.

 이스라엘에서 한국으로 직접 통화하려면 00을 누른 후 한국 국가
번호인 82를 누르고 우리나라 지역 번호중 0을 제외한 번호을 누른
다음 해당 번호를 누르면 된다.

 예를들어 한국 서울의 33xx-0675로 걸려면

 00-82(국가번호)-2(서울지역번호)-33xx-0675

 한국 수신자 부담(콜렉트 콜)으로 거는 경우에는 서비스 번호를 돌
리면 한국 통신 교환원이 한국의 수신자 번호로 연결시켜준다.

 한국에서 이스라엘로 전화를 걸려면 (001)-972(이스라엘 국가번
호)-0을 뺀 지역번호-상대방 전화번호를 누르면 된다.

(5)기타

● 전압은 대부분이 220V를 사용하고 있다.

● 주한 이스라엘 대사관은 텔아비브에 있으며, 번호는 972(국가번
호)-3(지역번호)-696-324417이다.

● 안식일(금요일 해질 때부터 토요일 해질 때까지)에는 모든 공공기
관이 문을 닫고 버스도 다니지 않기 때문에 미리 예비해야 한다.
그러나 아랍인 지역에는 다르다.

엘랏

이스라엘 엘랏 뒤에 보이는 산 밑이 요르단 아카바 항구이다.

엘랏(에이랏)은 이스라엘의 최남단 도시로 요르단 아카바와 경계를 이루고 있다. 엘랏은 출애굽한 이스라엘이 에돔 지역을 떠난 후 지나간 곳이며(신 2:8), 유다의 아마샤왕 사후에 아사랴가 건축한 후 유다에 복속시켰다(왕하 14:22). 그러나 아람 왕 르신은 엘랏을 정복한 후 아람에 복속시켰다(왕하 16:6). 오늘날 엘랏은 휴향지로 국제 전세기가 운항되며, 이스라엘 면세 지역이기도 하다.

팀나 공원

팀나 공원은 이스라엘의 요단 계곡을 따라 난 90번 도로를 따라 최남단 도시 엘랏으로 내려가다 보면 엘랏 25km 전에서 우회전하여 8km를 들어가면 나온다. 팀나 공원내에는 솔로몬이 동광산을 운영한 곳이 있으며, 솔로몬 기둥으로 불리는 것도 있다. 특히 사막 한 가운데 실물 크기의 성막이 만들어져 있어 출애굽한 이스라엘이 시내산 이후 성막을 중심으로 향했던 40년의 생활을 느껴 볼 수 있다. 이 곳은 국립공원 통합 이용권과는 달리 별도의 요금을 받는다.

염분이 많아 사람도 뜨는 사해

팀나 공원의 성막모형

마사다

천연의 요새 마사다

마사다는 엔게디 남쪽 16km 지점의 사해 중부 서안에 인접하여 솟은 토대 위에 헤롯왕이 건설한 해발 450m, 너비 200m, 길이 600m의 고구마 모양의 요새 궁정이다. 헤롯은 BC 37년경 이 천연의 지형을 이용하여 유사시에 사용할 산성을 축조하면서 왕궁, 목욕장, 곡물창고, 군영, 파수대 등을 건설했다. 그러나 그의 생애 동안에는 한번도 사용되지 않았다.

66년 로마의 항거에 참여했던 유대인 애국자들 중 일부는 이 곳에서 마지막 투쟁을 벌였다. 로마군은 천연적인 요새 때문에 함락시키지 못하고 3년간 마사다와 맞먹는 인공적인 토담을 쌓은 후에야 점령을 할 수 있었다. 그러나 점령 직전 마사다에 있던 967명의 유대인 열혈당원들은 비굴한 항복을 하는 대신에 차라리 죽기로 하고 서로를 죽여 자살을 하고 만다. 오늘날 이 곳은 이스라엘 신병 군인들의 정신적인 훈련 장소로 사용되고 있다.

엔게디

샘물이 풍부한 엔게디 폭포

엔게디는 쿰란 남쪽으로 35km 지점, 마사다 북쪽 10km 지점에 있다. 이 곳은 헤브론에서 거의 정동쪽에 있는 샘과 이에 딸린 내(개울)의 이름으로 사해 서쪽에 있는 석회석 벼랑 아래서 많은 물이 솟아나와 이루어진 곳이다.

이스라엘의 국립공원으로 지정되어 있는 이 곳에는 굴이 많고 남부 지방의 유일한 폭포가 있다. 부근에는 뛰어 노는 사반과 영양을 볼 수 있다. 다윗은 사울 왕을 피해 엔게디에 숨었다(삼상 23:29), 그 외에도 대하 20:2, 아 1:14, 겔 47:10 등에 소개되어 있다. 엔게디는 BC 3000년 전부터 사람이 살았던 유적이 남아 있고, 당시의 신전과 제단의 유적이 있으며, 비잔틴 시대의 건물 유적과 유대교 회당의 유적도 있다. 공원 바로 남쪽 키부츠에는 몰약 나무 등 성경의 식물도 볼 수 있다.

사해는 히브리어로 '얌하 멜락'이라 하는데 이는 염해라는 뜻이다. 또 지중해를 서해로 부르는데 대하여 사해는 동해라고도 부르며, 아라바 바다라고도 불렀다(신 3:17, 수 3:16). 염해(창 14:3)는 유입되는 물은 있으나 자연적인 배수로가 없어 증발만 하여 많은 양의 염분이 있기 때문에 붙여진 이름이다. 사해는 중앙 약간 아래에 있는 돌출 부분인 리산(Lisan) 반도에 의해 남북으로 나뉘어진다. 북쪽은 길이 48km, 깊이 360m이고 남쪽은 길이가 24km, 깊이 9m가 된다. 수면은 바다 중 세계에서 가장 낮은 해저 약 420m(2013년)이다. 사해는 많은 염분으로 인해 물고기가 살지 못하며 사람도 뜬다. 그러나 에스겔 선지자는 사해가 다시 소성할 것을 예언하였다(겔 47:9).

'롯의 처' 라고 불리는 소금 기둥

사해 남쪽 엔보켓 해안에서 남쪽 90번 도로를 따라 남쪽으로 13km 정도 가면 소금산에 있는 사람 모양의 기둥이 있다. 롯의 처가 소돔성의 멸망때 뒤를 돌아보아 소금기둥이 된 것을 연상케 한다고 하여 롯의 처의 기둥이라고 부른다.

텔 브엘세바

고대 브엘세바 전경

브엘세바는 예루살렘 남서쪽 약 85km 지점, 헤브론 남서쪽 45km 지점으로 네게브 지역에 있는 성서 시대 이스라엘의 최남단 도시이다. 고대 텔 브엘세바는 현대 브엘세바로부터 남동쪽 약 10km 지점에 있다. 상점터를 비롯하여 BC 10세기경의 물저장소와 요새지 성벽과 수로가 발굴되었다.

사람이 살수 있는 남방 한계선상에 있는 이 브엘세바는 이스라엘의 족장인 이삭이 중심 거주지로 살았으며, 아브라함 집에서 쫓겨난 하갈이 통곡한 곳이다(창 21장). 그리고 이삭은 이 곳에서 우물을 팠고 자손 번성에 대한 약속을 받았으며(창 26장), 야곱은 애굽으로 내려가던 중 이 곳에서 제단을 쌓았다(창 46:3). 엘리야가 이세벨 왕후의 낯을 피해 시내산으로 도망하던 중 이 곳에 잠시 머물러 죽기를 구했을 때 하나님께서 나타났던 곳이다(왕상 19:3). 또한 시비아의 고향이기도 한 이 곳은(왕하 12:1) 바벨론 포로 후 다시 식민지가 되었다. 오늘날 고대 브엘세바는 오랜 세월을 거치는 동안 텔(언덕)로 형성되어 있다.

텔 브엘세바에 있는 돌로 된 제단으로 네 귀퉁이에 뿔이 있다.

현대 브엘세바에 있는 아브라함의 우물(뒤)과 이삭의 우물(앞) 지금은 건물내에 있다.

헤브론

아브라함 대사원이 보이는 헤브론

헤브론은 본래 기럇 아르바(창 23:2)로 마므레로도 불렸는데 오늘날 마므레는 헤브론시에서 북쪽 외곽에 위치해 있다. 고대 헤브론이 있던 곳은 오늘날 엘 칼릴(el-Khalil) 혹은 에르 라만(er-Ramhan)으로 '자비로운 분', '하나님의 벗'이란 뜻이다. 특히 막벨라 굴 위에 세워진 회교 사원의 이름은 하람 엘 칼릴(Haram el-Khalil)인데 그것은 '친구(자비로운 분)의 신성한 경내'라는 의미가 있다.

헤브론은 예루살렘 남서쪽 30km, 베들레헴 남서쪽 22km 지점에 해발 927m의 높은 산악 지대에 있는 오래된 도시이다. 예루살렘 남쪽 브엘세바로 통하는 요로에 위치하였다(창 23:2). 고대 헤브론은 창건 때부터 십자군 시대까지 에르 루메이데(er-Rumeideh) 언덕 위에 있었는데 그곳은 오늘날 헤브론시 바로 서쪽에 위치해 있다. 헤브론은 남쪽의 브엘세바에서 북쪽의 사마리아를 거치는, 남북으로 이어지는 중앙산악 지대의 중심 도로 위에 위치해 있다.

헤브론은 적어도 BC 1720년 이전에 세워진 고도로 성경에는 이집트의 소안(현재 타니스)보다 7년전에 세워졌다고 말하고 있다(민 13:22). 아브라함은 갈대아 우르를 떠나 가나안에 도착하여 이곳 헤브론을 중심으로 살았으며 자신의 아내를 비롯하여 자신과 그 아들 이삭과 그 아내 리브가, 그리고 애굽에서 죽은 야곱까지 이스라엘의 족장들이 죽어 이곳 막벨라 굴에 장사되었다. 이스라엘의 가나안 입주 당시 이 지역에는 아낙 자손이 살고 있었다(민 13:22). 이후 헤브론은 성경에서 수많은 사건들이 일어난 곳이기도 하다.

막벨라굴(중앙의 큰 건물) 위에 세워진 아브라함 대사원(좌)과 마므레 유적지(우)

막벨라굴은 아브라함이 헷족속 두령으로부터 가족의 매장지로 산 곳으로 현재 아브라함 대사원 밑에 있다. 아브라함과 사라의 기념비는 은으로 된 문이 있는 방에 보존되어 있다. 들어가는 입구는 아랍인 전용 출입구와 유대인을 위한 전용 출입구가 따로 있다.

마므레(Mamre)는 헤브론 북북서 0.8km 지점의 키르벳 니므레(Kh. Nimreh)와 아인 니므레(ʼAin Nimreh) 사이에 위치해 있다. 오늘날에는 확장된 헤브론에 포함되어 있다. 이곳은 이스라엘 왕정때 포장도로와 십자군때의 것으로 추정되는 교회터가 있다.

베들레헴

예수탄생교회(중앙 큰 건물)가 보이는 공중에서 본 베들레헴(좌)과 목자들의 들판교회(우)

베들레헴은 예루살렘성 욥바문에서 남쪽으로 약 10km 지점에 소재하며, 해발 777m의 유대 지방의 산악지대에 속한다. 베들레헴은 사사 시대의 효부 룻의 시가가 있었으며, 그는 이 곳으로 시모 나오미를 따라와 부호인 보아스와 재혼하여 예수님의 조상이 되었다(룻 2~4장).

베들레헴은 다윗이 태어난 곳이며, 다윗은 이 곳에서 사무엘에 의해 이스라엘의 왕으로 기름부음을 받았다(삼상 16:1~13). 또한 다윗이 자라날 때 이 곳 목장에서 양을 치던 일과 그 밖에 다윗의 우물도 언덕 위에 있다(삼하 23:15~17).

탄생교회에서 2km 정도 떨어진 오늘날 아랍인 동네인 뻰사훌에는 양을 치던 목자들이 예수 탄생 소식을 처음으로 들었다는 곳에 **목자들의 들판교회**가 세워져 있다.

예수 탄생교회 외경(좌)과 건물내 지하에 있는 예수 탄생 자리(우)

예수 탄생교회는 135년 베들레헴 동굴 위에 로마의 아도니스신을 위한 신전이 세워진 자리에 200년 후인 339년에 로마 콘스탄틴 황제의 어머니 헬레나에 의해 아도니스 신전을 헐어버리고 교회를 창건하였다. 이후 최초의 예수 탄생교회는 파괴되고 재건되는 가운데 1100년 크리스마스날, 이 교회에서 왕위 즉위식이 있었다.

현재 교회 내부 지하층 돌계단을 내려가면 바닥을 대리석으로 깐 작은 동굴이 나오는데 이 곳이 아기 예수께서 탄생하신 곳이다. 바닥은 1717년에 가톨릭 교회에서 은으로 만든 별 모양의 장식으로 되어 있다. 이 건물내에는 천사가 요셉에게 예수와 모친을 데리고 애굽으로 피하라고 전한 동굴이 있으며, 건물 밖 근처에는 아기 예수께 젖을 먹였다고 전해지는 우유동굴교회가 있다.

예루살렘

예루살렘은 아브라함 당시 이미 한개의 성읍으로 있었으며(창 14:18), BC 13세기경 이스라엘의 가나안 정복 당시에는 여부스족이 살았으나 정복하지 못하다가(수 15:63) BC 1000년경 다윗에 의해 시온산성인 예루살렘을 정복하고 다윗성이라 하였다(삼하 5:7). 그후 예루살렘은 다윗왕이 수도를 헤브론에서 옮긴 후부터 크게 번성하기 시작했다. 솔로몬때는 다윗 당시보다 두배 이상 북쪽으로 확장되었다. 그러나 BC 587년 바벨론의

공중에서 본 예루살렘 옛성 지역

느부갓네살에 의해 예루살렘성이 철저히 파괴된 후 귀환때까지 예루살렘은 피폐된 채로 남아 있었다. 귀환자들에 의해 성전이 재건되었어도 이전과는 비교도 되지 않는 초라한 성이었다.

BC 63년 로마에 의해 예루살렘이 함락된 후 BC 37년 로마의 도움을 받은 헤롯왕에 의해 예루살렘은 솔로몬 당시보다 세 배가 넘는 지역으로 확장되었다. 그러나 70년 로마의 티투스 장군에 의해 예루살렘은 또한번 철저한 파괴를 당했다. 이때 서쪽벽 중 일부가 파괴되지 않았는데 오늘날 이 곳을 통곡의 벽이라 하여 많은 유대인들과 성지순례객들이 찾고 있다.

이후 예루살렘은 콘스탄틴 황제때 기독교 건물이 세워지다가 638년 회교국의 오마르왕이 점령한 후부터 회교 사원이 들어섰다. 그리고 1099년 십자군에 의해 다시 기독교 건물이 들어섰고, 1187년에는 다시 회교국에게 넘어갔다.

1516년 터키에 의해 점령된 후 슐라이만 대제에 의해 성벽과 성문이 건축되었다. 그후 1917년 영국군에 의해 점령당한 후 많은 유대인들이 세계 각처에서 이 곳 예루살렘으로 몰려들었고 마침내 1948년 5월 14일 이스라엘이 독립국가를 이루고, 1961년 6일 전쟁때 예루살렘을 점령하여 오늘에 이르고 있다.

예루살렘 성전산에 있는 통곡의 벽(좌)과 황금돔 사원(우)

통곡의 벽은 유대인에게 마음의 안식처요, 성지 중의 성지이다. 조상들의 애환이 서린 성벽에 각별한 감동을 가지는 유대인들은 7세기경부터 기도의 구심처로 삼았고, 해마다 아브월 9일이 되면 유대인들은 이 곳 서쪽벽에 모여 예레미야 애가를 읽으며 옛날을 회상하면서 통곡한다.

바위돔(Dom of the Rock)은 637년 이슬람(회교)이 예루살렘을 정복한 후 성전산, 곧 아브라함이 이삭을 번제로 드리려 했던 곳에 처음 세운 사원으로 오말 사원이라고도 한다. 이슬람에서는 마호메트가 승천한 곳이라 믿고 있다. 정팔각형의 기하학적 구조로 설계된 벽에는 화려한 모자이크로 된 창이 있고 코란의 기도문과 알라 세계의 조화를 상징한 전형적인 무늬가 사원 안과 밖에 장식되어 있다. 팔각면의 벽체가 있으나 문은 동서남북 4군데만 출입문이 있고 중앙에 있는 황금빛 찬란한 돔은 예루살렘의 어느 곳에서나 눈에 띄는 도시의 상징적인 건물이다.

예루살렘 성전산 성벽에 있는 다윗 망대(좌)와 오펠 지역(우)

욥바문 남쪽 성벽 위에 있는 **다윗의 망대**는 136년 로마의 하드리안 황제에 의해 건축된 탑 자리에 십자군 시대에 건축한 것으로 슐레이만 대제가 예루살렘 성벽을 재건할 때 많은 부분을 보수했다. 이 망대 안 북쪽에는 다윗의 탑이 있고, 남쪽에는 회교의 탑이 있어 성밖에서 볼 때 재미있는 조화를 이룬다. 이 망대 자리는 헤롯 대왕이 그 동생을 위하여 탑을 쌓았던 자리로서 그때의 유적을 망대의 북쪽 기초 부분에서 볼 수 있다. 이 망대에 '다윗'이란 이름이 붙은 것은 다윗 시대의 것이란 뜻이 아니고, 군사적, 행정적으로 중심이라는 것을 나타내기 위해서이다

오펠(오벨)은 다윗성이 있었던 삼각형 언덕의 북동 부분인 기드론 산상에 있었던 지휘소 안의 하람 에쉬 셰리프(Haram esh-Sherif)의 남쪽인 듯하다. 요세푸스는 오벨의 위치가 신전과 가까이 있었음을 명백히 하고 있다. 현대 고고학 문헌에서는 오벨이라는 이름이 신전에서 실로암에 이르는 언덕 전부를 가리키기도 한다. 솔로몬때에는 행정관서가 있었다.

예루살렘 감람산 지역

주기도문교회
예수승천돔

막달라교회

눈물교회

예수입성길 2

예수승천기념돔

겟세마네교회

기드론골짜기

성전산 쪽에서 본 감람산 앞이 기드론 골짜기이다.

감람산 정상에 있는 예수승천기념돔

예수승천기념돔은 예수께서 감람산에서 500명이 지켜보는 가운데 성령을 보내시기로 약속하신 후 승천하신 곳에 이를 기념하여 세운 돔이다. 최초의 승천 기념 건물은 380년경 지붕이 없는 8각형이었다. 그후 십자군이 재수축하였고, 1187년에는 모슬렘에 의해 지붕에 돔(Dome)이 씌워졌다. 건물 중앙에는 예수께서 승천때 밟은 발자국이 남겨졌다고 전해지는 바위가 있다.

감람산의 주기도문교회

초대교회 전승에 의하면 이 교회는 4세기경 콘스탄틴 황제의 어머니 헬레나에 의해 예수께서 기도를 가르쳤다고 전해지는 곳에 처음 세워졌다. 지금의 건물은 1874년 투르 오베르뉴 백작 부인의 재정 지원으로 기예르메가 설계 건축한 것이다.

교회의 주랑 벽면에는 히브리어로 시작된 최초의 주기도문이 1102년에 새겨진 이후 한글을 비롯해 약 70여개 나라의 언어로 된 주기도문이 새겨져 있다.

주기도문교회는 라틴어로 주기도문이 시작되는 말인 Pater-noster(우리 아버지)를 따서 붙인 이름이다.

선지자들의 무덤 입구

감람산 정상에서 눈물교회가 있는 기드론 골짜기로 내려오다 보면 바로 왼쪽에 있다. 이 곳은 사유지로 주인에 의하면 학개, 스가랴, 말라기의 무덤을 비롯해 그의 제자들의 무덤이라고 전한다.

감람산 중턱에 있는 눈물교회와 강단 밑의 병아리를 품은 암탉 모자이크

눈물교회는 통곡교회로도 불린다. 이 교회는 예수께서 감람산에 올라가 장차 파괴될 예루살렘성을 바라보면서 '예루살렘아! 예루살렘아!' 라고 우신 것(마 23:37, 눅 13:34-35, 19:41-44)을 기념하여 감람산 기슭에 세운 것이다. 교회의 이름은 라틴어로 Dominus Flevit인데 그 뜻은 '주께서 우셨다' 이다.

5세기경 이 곳에 수도원이 처음 세워진 이래 1881년 프란시스코 수도원이 자리잡고 있으며, 현재의 교회는 옛 교회의 잔해 위에 1955년 이탈리아의 건축가 안토니오 바르루치가 설계하여 완성한 교회로 지붕은 예수께서 눈물을 흘리신 것을 상징하기 위해 눈물 모양을 하고 있다.

감람산 아래의 겟세마네(만국)교회

겟세마네교회는 예수께서 잡히시기 전날 밤 겟세마네 동산에서 땀방울이 피같이 흐르는 결사적인 기도(마 26:36-39)를 드렸던 자리에 세워진 교회로 고통의 교회라고도 한다. 현재의 교회는 1920년 비잔틴과 십자군 시대의 교회의 잔해 위에 16개 국가의 성금으로 이탈리아 건축가 안토니오 바르루치가 12개의 돔 모양의 지붕으로 설계 건축하였기 때문에 만국교회라고도 부른다. 성전 내부는 천장이 높고 예수님의 고

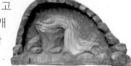

통스러운 모습을 느낄 수 있으리만치 어둡게 설계되었다. 천장은 12개의 작은 둥근지붕이 세 개씩 네 줄로 되어 있어 예수님의 12제자를 나타내고 있다. 현재 이 교회는 프란시스코회에서 관리하고 있다.

겟세마네에서 고뇌의 기도를 올리는 예수 겟세마네교회 밖 조각상

겟세마네교회 예수 기도처 **예수 3제자가 자고 있던 곳** **예수 8제자가 머물렀던 곳**

예루살렘 기드론 골짜기와 힌놈 골짜기 지역

기드론 골짜기와 힌놈 골짜기가 만나는 지역 기드론 골짜기쪽이 에느로겔(엔로겔)이다.

압살롬 기둥이 보이는 기드론 골짜기

기드론 골짜기 혹은 시내(삼하 15:23, 요 18:1)는 동쪽의 900m 정도 되는 감람산과 서쪽의 800m 정도되는 예루살렘성(성전산) 사이의 해발 620m 되는 남북으로 뻗혀 있는 골짜기이다. 이 골짜기는 남쪽의 두로베온 골짜기(치즈 골짜기)와 합쳐지고 그곳에서 100m 더 남으로 내려가면 예루살렘 서편으로 돌아내려오는 힌놈 골짜기와 합친 후 에느로겔(왕상 1:9)을 지나 동남으로 돌며 유대광야를 거쳐 사해로 들어간다. 구약에서 이 골짜기는 왕의 골짜기(삼하 18:18), 여호사밧 골짜기(욜 3:2-12)로도 나온다.

기드론 골짜기는 북쪽에서부터 성벽을 바라보며 남쪽으로 내려가면 왼쪽으로는 동정녀 마리아교회와 겟세마네교회가 보이고 그 중간의 오른쪽으로 스데반 기념교회가 있다. 계속 오른쪽의 오펠 지역을 지나 내리막길을 가면 압살롬 기념비, 헤실 가족의 묘, 스가랴 제사장의 묘가 나란히 세워져 있다. 다시 한참을 내려가면 기혼샘이 있고, 더 내려가면 소경이 눈을 떴다는 실로암못이 있다.

다윗은 압살롬을 피해 이 골짜기를 따라 맨발로 도망했으며(삼하 15:23, 30), 시므이는 이 골짜기를 건너면 죽임을 당한다는 솔로몬의 명령을 어김으로 죽임을 당했다(왕상 2:36-46). 왕국 시대에는 이 곳이 우상숭배를 척결하는 장소로 사용되었으며, 유다의 아사 왕은 모친인 마아가가 섬긴 아세라의 우상을 이 기드론 시냇가에서 불살랐다(왕상 15:9-13). 요시야 왕 역시 여호와의 전에 있던 바알과 아세라와 하늘의 일월성신을 위하여 만든 모든

기드론 골짜기의 스데반 순교기념교회

스데반 집사가 순교한 자리에 세워진 기념
교회로 감람산에서 내려와 기드론 골짜기
에서 사자문(스데반문)으로 올라가는 곳에
있다. 교회 옆 계단으로 내려가면 스데반
집사가 순교했던 바위로 된 장소가 있다.

압살롬 기둥 기드론 골짜기

기드론 골짜기에 있는 이 무덤은 압살롬의
무덤이라고 하지만(삼하 18장) 대체로 이 구
조물은 그보다 700년 이후인 제2성전 시대
때 세워진 것으로 압살롬 기둥(Pillar)으로
전해지는 석조 기념비이다.

기드론 골짜기 동쪽 언덕의 암반을 네모지
게 깎아 그 위에 세운 것으로 높이 15m, 하
부는 4각, 상부는 원통형 동체에 뾰족한 지
붕이 덮혀 있다. 이집트의 왕관처럼 보인다
는 이유로 아라비아 사람들은 바로의 모자
라고 부른다. 정치적인 야망을 품고 부왕 다
윗에 반역하여 전투를 벌였다가 젊은 나이
로 죽은 압살롬의 불효를 기억하여 유대인
들은 이 곳을 지날 때면 이 비석을 향해 돌
멩이를 집어 던지는 습관이 있었다.

기명들을 가져다가 이 기드론 골짜기에서 불살
랐다(왕하 23:4-6). 히스기야 왕 역시 성전을
청결하게 할 때에 여호와의 전에 있던 더러운
것들을 꺼내어 이 골짜기에서 없앴다(대하
29:16).

스가랴 제사장(좌)과 헤실 가족(우)의 무덤

스가랴(Zechariah) 제사장의 무덤은 애굽의 피라
밋 모양 지붕을 한 정방형의 작은 돌집과 같이 생
긴 1세기경의 건축물이다. 헤실 자손들의 무덤과
인접해 있다. 성경에 있는 대로(대하 24:20-22) 제
사장 여호야다의 아들 스가랴의 무덤이라고 전한
다. 백성들이 여호와의 명령을 거역하는 것을 보고
스가랴가 깨우쳐 주고자 할 때, 그 백성들이 스가
랴를 돌로 쳐 죽였다. 그때의 왕인 요아스는 스가
랴의 외사촌으로, 일곱 살에 스가랴의 아버지인 제
사장 여호야다의 후원에 의해 왕이 되었다. 근래에
기독교인들은 이 무덤이 세례자 요한의 아버지 사
가랴(Zechriah)의 무덤이라고 하나 비슷한 이름 때
문에 생긴 착오로 생각된다.

헤실 가족(Hezir's Sons)의 무덤은 압살롬의 기
둥으로부터 남쪽으로 약 50m 지점에 있는 동굴로
제사장들의 가족 무덤이다. 즉, 개인 무덤이 아니
고 일종의 공동묘지이다. 헤실이라는 제사장의 이
름은 대상 24:15과 느 10:20에 소개되어 있다. 혹
자들은 이 곳을 해석하기를 유다 왕 아사랴가 하
나님께 벌받고 나병환자가 되어 별거하던 별궁이
라고도 한다(왕하 15:5). 일부 기독교인들은 이 곳
을 '야고보의 동굴'이라고 하는데, 그 이유는 예수
께서 로마 군병들에게 체포될 때 야고보가 이 동
굴에 숨었다는 것이다.

솔로몬 대관식이 있던 기혼샘(좌)과 예수께서 소경을 고친 실로암못(우) 기드론 골짜기

기혼(Gihon)샘(왕상 1:38, 대하 33:14)은 예루살렘의 옛 다윗성 동쪽인 기드론 골짜기에 있는 샘이다. 기혼이란 이름이 '넘쳐나오는 샘'이란 뜻처럼 오늘날에도 우기에는 이 곳에서 하루에 5회 정도의 풍부한 물이 솟아 오른다. 이 샘은 기독교에서는 Ain Sitt: Maryam('동정녀 마리아의 샘'이란 뜻)이라 부르고, 회교도들은 Ain Umm ed-Daraj('계단의 어머니 샘'이란 뜻)라고 부른다. 이 샘의 입구에서 돌계단을 따라 16계단을 내려가면 상당히 넓은 공간이 나오고 다시 14계단을 내려가면 물탱크가 나온다. 이것은 길이가 3.5m, 폭이 1.6m로 되어 있으며 더 안쪽으로 들어가면 자연적으로 생긴 공간에 물이 모여 그것이 깔대기 모양의 굴을 통해 물탱크로 솟아 오른다.

이 물을 퍼올리기 위한 초기청동기 시대의 지하구조가 발견되었는데 이 지하수로는 서쪽으로 12m, 그곳에서 다시 북쪽으로 꼬부라져 8.3m에 이르고 물은 직경 2.7m의 물탱크에 저수된다. 바로 이 위에 발견자의 이름을 따라 붙인 와렌 샤프트(Warren's Shaft)라 불리는 수직갱이 있다. 그리고 이 물은 실로암못으로 흘러 들어간다. 이 곳을 관통하는데는 약 40여분이 걸린다. 기혼샘은 솔로몬이 왕으로 기름부음을 받고 대관식을 거행한 곳이다(왕상 1:38-39).

수직갱(와렌 샤프트)

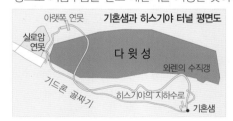

기혼샘과 히스기야 터널 평면도

아랫쪽 연못
실로암 연못
다 윗 성
와렌의 수직갱
기드론 골짜기
히스기야의 지하수로
기혼샘

히스기야 왕은 성밖에 있는 이곳 기혼샘 물을 성안의 실로암못으로 끌어들이기 위해 533m의 바위로 된 터널을 뚫었는데(대하 32:30, 왕하 20:20) 이를 히스기야 터널이라 한다. 이 터널에 대한 기록이 새겨진 실로암 비문이 이 곳에서 발견되었다.

실로암못(요9:7)은 BC 700년경 유다 왕 히스기야가 앗시리아군의 공격에 대비하여 성 밖에 있는 기혼샘에서 지하로 터널을 뚫어 이 곳 다윗성 남단에 있는 실로암못까지 물을 끌어왔다. 원래는 석회암 암반을 깎아 만든 큰 수조(水槽)였다. 현재는 장방형의 돌을 쌓아 만든 못이며 지상으로부터는 다소 가파른 계단을 따라 수면에 도달하도록 하였다. 이 못 위에는 비잔틴 시대의 교회가 있었으며, 그 유적의 일부가 동쪽 벽에 일부 남아 있다. 현재 이 못 위에는 1890년에 세워진 회교 사원이 세워져 있다. 예수께서는 나면서부터 소경된 자에게 침을 발라 진흙을 이겨 그의 눈에 발라 실로암못에 가서 씻도록 하여 고쳐주셨다(요 9:7).

예루살렘 시온산 지역

시온산 지역에 있는 마가 다락방 내부

시온산에 있는 마가의 다락방은 다윗왕 가묘 윗부분에 있다. 이 다락방의 크기는 막 14:15에 큰 다락방이라고 하였고, 행 1:15에 의하면 120명이 모일만한 꽤 큰 방이었다. 십자군 시대에 중수된 다락방은 내부가 아치식 건축으로, 방 가운데 3개의 기둥이 서 있고, 주위 벽에 서 있는 기둥들과 연결된 곡선으로 아치를 이루어 천장을 받치고 있었다.

시온산에 있는 다윗왕의 가묘

이 무덤은 큰 석실안에 높이 2m, 폭 1m 정도의 큰 석관으로, 천으로 덮어 씌워져 있는 커버에는 유대인의 상징인 다윗의 별을 그려 놓았다. 이 다윗왕의 무덤은 유대인이 관리하고 있는 성역이므로 방문객은 유대교식으로 모자를 쓰고 방에 들어가야 하고, 여자는 어깨가 나오지 않는 옷을 입어야 한다.

마가의 다락방은 예수께서 제자들의 발을 씻긴 후 성찬예식을 제정하시고 마지막으로 유월절 식사를 한 곳이다. 또한 예수께서 부활하신 후에 나타나셔서 손과 발을 보이시고 구운 생선 한 토막을 잡수신 곳이다(눅 24:33-43). 그리고 제자들에게 부활한 자신의 모습을 보이신 곳(요 20:19-29)이요, 승천 후 120명쯤 되는 제자들에게 성령이 임할 곳도 이 곳 다락방이다.

🌼 시온산 지역에 있는 베드로 통곡교회

베드로는 예수님 수난 직전까지 주님을 부인하지 않고 따르겠다고 호언장담했으나 예수님은 베드로가 닭이 울기 전에 세번이나 자기를 모른다고 부인할 것이라고 예언하였다. 베드로는 예수님의 예언대로 주님을 부인하고 난 직후 닭의 울음소리를 듣고 심한 양심의 가책을 받아 밖에 나가 통곡하였다(마 26:69-75). 이 사실을 기억하게 하는 뜻에서 세워진 교회가 베드로 통곡교회이다(막 14:53-72).

🌼 예수께서 잡혀 끌려간 로마때 길
베드로 통곡교회 옆에 있다.

십자가의 길(비아 돌로로사) 14개 지점

① 예수께서 빌라도에게 재판을 받은 곳
② 사형언도를 받고 조롱당하고 채찍에 맞은 곳
③ 십자가를 진 예수께서 첫 번째로 넘어진 곳
④ 십자가를 진 예수께서 마리아를 만난 곳
⑤ 구레네 시몬이 예수님 대신 십자가를 진 곳
⑥ 베로니카가 손수건으로 예수의 이마 닦은 곳
⑦ 십자가를 진 예수께서 두 번째 넘어진 곳
⑧ 여인들에게 자신을 위해 울라고 한 곳
⑨ 십자가를 진 예수께서 세 번째 넘어진 곳
⑩ 예수께서 옷 벗김을 당한 곳
⑪ 예수를 십자가에 못박은 곳
⑫ 십자가에 달려 운명한 곳
⑬ 마리아가 예수의 시체를 받은 곳
⑭ 죽은 예수를 장사지낸 곳(예수의 무덤)

① 예수께서 빌라도에게 재판을 받은 곳으로 현재는 아랍인 초등학교가 세워져 있다.

② 사형언도를 받고 조롱당하고 채찍에 맞은 곳으로 선고교회(좌)와 바로 옆에 채찍질교회(우)가 있다. 우측 상단은 십자가 행렬

③ 십자가를 진 예수께서 첫 번째로 넘어진 십자가의 길 3지점에 세워진 기념교회 내부, 그러나 성경에는 넘어졌다는 기록은 없다.

④ 십자가를 진 예수께서 마리아를 만난 곳

⑤ 시몬이 예수 대신 십자가를 진 곳

⑦ 십자가를 진 예수께서 두 번째 넘어진 곳
에 세워진 기념교회 내부

⑥ 베로니카(예수의 옷자락을 만져 혈루증을 고
침 받은 여인으로 알려짐)가 손수건으로 예수의
이마를 닦은 곳

⑧ 예루살렘 여인들에게 자신을 위해 울라고
한 곳으로 라틴어 NIKA라는 문구가 있다.

⑨ 예수께서 세 번째 넘어진 곳

십자가의 길 10-14지점이 있는 성묘교회(거룩한무덤교회)

예수무덤교회(성묘교회, 거룩한무덤교회)는 로마의 하드리아누스가 135년경에 비너스(Venus) 신전을 세운 자리에 313년 기독교를 공인한 로마의 콘스탄틴 황제의 명으로 336년에 건축되었다. 그러나 614년에 페르시아(Persia) 군대의 침공때 교회가 파괴되었다가 재건되었다. 그후 이슬람 교도에 의해 다시 파괴된 것을 십자군 운동과 더불어 1149년에 거룩한무덤교회는 오늘날의 모습으로 다시 복구되었다.

13세기 말 아랍의 실력자 살라딘이 십자군을 몰아낸 후 거룩한무덤교회(성묘교회)는 파괴되지는 않았으나 성지가 이슬람 교도의 손에 넘어가 오늘날 거룩한무덤교회는 일부 비잔틴 시대의 것을 제외하고는 대부분 십자군 시대때 재건된 모습으로 잘 보존되어 있다. 현재 구교의 6개 교단(희랍정교회, 로마가톨릭교회, 시리아교회, 콥틱교회, 아르메니아교회, 이디오피아교회)이 이 교회 내에 각각 소유권을 가지고 있다.

성묘교회내 예수 무덤 뒤편에 있는 아리마대 요셉의 무덤

십자가 못 박은 곳(11지점)

예수의 시신을 염한 대리석

예수의 무덤(14지점)

예루살렘 성문(오스만 터키때)

동쪽 감람산에서 바라본 예루살렘 성벽과 황금문(중앙)

예루살렘성은 사용하지 않는 3개의 문을 포함해 모두 11개의 성문을 가지고 있다. 동쪽에 황금문과 스데반문이 있고, 북쪽에는 헤롯문과 다메섹문이 있다. 서쪽에는 새문과 욥바문이 있고, 남쪽에는 시온문과 분문의 순서대로 배치되어 있다. 그리고 사용하지 않는 3개의 문까지 합해 전부 11개의 문이 있다. 이 문들은 그 모양과 특징이 모두 달라서 특이하다.

황금문(Gold Gate): 성벽 한가운데 있는 아치형 쌍문을 돌로 막아 놓아 성채같이 보이는 것이 유명한 예루살렘으로 통하는 황금문이다. 미문(행 3:2)이라고 부르는 이 문은 11개 문 중에 가장 아름답게 만들었다고 하여 붙여진 이름이다. 오늘날에는 황금문이라고 한다. 이 황금문이 막힌 것에 대해서도 여러 가지 다른 전설이 있다. 그중 하나는 겔 44:1-2의 근거에 의해 닫힌 것으로 기독교인들은 예수님과 신자들이 마지막 날에 종려가지를 흔들며 예루살렘으로 입성할 문이라 하고, 유대인들은 메시아가 입성할 문이라고 믿고 있다.

다메섹으로 향한 다메섹문
가장 크고 아름다운 성문으로 주로 아랍인들이 사용한다.

시온산에 있는 시온문

욥바로 향한 욥바문

새문(이삭문)

헤롯문

사자문(스데반문, 양문)

오물을 버리기 위한 분문

옛성(고대 예루살렘) 지역 약도

① 헤롯문   ② 다메섹문   ③ 새문

④ 욥바문   ⑤ 다윗망대   ⑥ 시온문

⑦ 분문   ⑧ 황금문   ⑨ 사자문

⑩ 성묘교회   ⑪ 다윗성채   ⑫ 통곡의 벽

⑬ 황금돔   ⑭ 겟세마네교회(만국교회)

⑮ 압살롬 기념비, 헤실 가족의 묘, 스가랴 묘

⑯ 기혼샘   ⑰ 실로암못   ⑱ 다윗성

—— 십자가의 길(비아 돌로로싸)

예루살렘성(좌)과 헤롯 성전(우) 모형 예루살렘, 이스라엘 국립(고고학) 박물관

왼쪽 사진은 제2성전 시대부터 BC 66년 로마 점령 전까지의 예루살렘 모습을 재현한 모형이다. 이는 로마의 티투스(디도) 장군에 의해 예루살렘이 파괴되기 직전의 성전과 시가지가 입체적으로 재현되었다. 또한 제2성전 시대의 재료를 그대로 사용하여 1/50로 축소, 히브리대학의 미카엘 아비요나(Michael Avi-Yonah) 교수의 지도 아래 여러 지리 전문가들에 의해 설계 제작되었다. 이후 아비요나 교수 사후에도 추가되는 자료들을 이용하여 수정과 변형이 이루어지고 있다.

오른쪽 사진은 이스라엘 국립박물관 야외에 있는 헤롯 성전 모형이다.

헤롯은 하나님을 경외하는 사람이 아니었다. 그는 많은 도시를 건설한 건축광이었다. 유대인이 아닌 출신으로 유대의 분봉 왕이 된 그는 신분의 불안을 느껴 헤로디움과 마사다와 요르단의 마케루스 등지에 유사시 피할 요새를 만들었다. 특히 유대인들의 환심을 사기 위해 정치적 목적으로 성전을 대대적으로 증개축하였다. 하나님의 성전이 그의 백성들이 아닌 이방인에 의해 건설되고 지금은 그 자리에 회교 사원이 들어 비극적인 역사가 오늘까지 이어지고 있다.

안토니오 요새 모형
이스라엘 국립(고고학) 박물관

베데스다 연못 예루살렘 옛성 사자문 근처

베데스다(Bethesda) 연못은 히브리어로 '자비'라는 뜻이다. 이 연못은 예루살렘성의 스데반문(양문)으로 들어가 50m쯤 가서 오른쪽 성 안나교회 옆에 있다. 이 연못은 하스모니안 시대에 물을 얻기 위해 만들어졌는데 하나의 빗물을 모아 저장하는 저수조였다(그러나 간혹 밑에서 물이 솟기도 한다). 양문 곁에 있는 이 물은 제물로 바쳐질 양을 씻는 용도로 사용했다고 한다. 가로 50m, 세로 150m, 깊이 15m 되는 못으로 비잔틴 때에는 두 구역을 가른 벽을 향해 교회가 있었으나 615년에 페르시아군에 의해 파괴되었다. 그리고 십자군 시대에는 다시 교회가 세워졌는데 이 때의 석주들이 일부 남아 있으며 이 곳에서 발굴된 유물들이 이 곳 박물관에 전시되고 있다.

지금은 대부분이 흙으로 메워져 있고 왼쪽에 일부가 남아 있으며 밑으로 내려가면 약간의 물을 볼 수 있다. 예수 당시의 이 못은 양문 곁에 위치해 있었으며 다섯 개의 행각으로 둘러싸여 있었다. 그리고 물이 동할 때 가장 먼저 들어간 사람은 어떤 병이라도 낫는다는 전설 때문에 많은 병자들이 이 못 주위에 있었다. 예수께서는 이 곳에서 38년 된 중풍병자를 고쳐 주셨다(요 5:1-9).

성모 마리아의 모친 안나교회 앞은 연못

베데스다 연못 복원도 이스라엘 박물관

벳바게

예수께서 나귀를 타신 벳바게 마을 오른쪽
건물이 벳바게교회, 감람산 동쪽

벳바게는 예루살렘의 감람산 동쪽 부분 산 등성이에 있는 예루살렘의 한 변두리 마을로 여리고에서 예루살렘으로 들어 올 때에 지나게 되는 마을이다.

이 곳에 세워진 벳바게교회(눅 19:28-40)는 예수께서 예루살렘 입성 때 타고 갈 나귀 새끼를 끌고 오라고 제자들을 보냈던 마을에 4세기경 이를 기념하기 위해 세운 교회이다. 그후 폐허되었으나 1887년 프란체스코 수도회가 교회 땅을 구입하여 옛 교회의 잔해 위에 새 교회당을 세웠다. 교회 내부에는 1955년에 그린 예수의 마지막 예루살렘 입성의 모습이 벽에 그려져 있다. 교회 안에는 예수께서 나귀를 타실 때 발을 디뎠다고 하는 돌이 있다.

벳바게교회 내부의 나귀 입성 성화

예수께서는 나귀를 타고 입성하고, 사람들은 종려나무 가지를 흔들고 있다.

베다니

나사로 기념교회 베다니 감람산 동쪽

베다니는 예루살렘 성전에서부터 6km 동쪽에 있는 감람산 줄기 동남쪽 산 기슭에 위치하고 있다. 예루살렘에서 여리고를 거쳐 사해에 이를 때는 벳바게를 거쳐 이 곳 베다니를 통해 간다.

베다니에 있는 나사렛 기념교회는 4세기 말엽 비잔틴 시대에 이 곳에 처음 교회를 세웠는데 십자군 때에는 예루살렘의 골고다언덕교회(Holy Sepulchre Church)에서 관할했다. 16세기초에는 그리스 수도원이 세워졌다. 이 교회 안에는 나사로가 무덤에서 걸어나오는 장면, 예수께서 마리아와 마르다 자매와 대화하는 장면 등 찬란한 색상의 모자이크 벽화가 있다.

나사로 무덤 베다니

무덤은 2중 구조로 계단을 내려가면 1차로 좁은 공간에 시체를 놓는다. 그리고 세월이 흘러 뼈만 남으면 다시 계단을 더 내려가 납골당만 놓는 좀더 넓은 공간에 안치한다.

아인 카렘(예루살렘 외곽)

세례자 요한 탄생교회 아인 카렘

아인 카렘(Ein Karem, 엔 케렘)은 예루살렘 남쪽 약 3.4km 지점의 해발 650m의 계곡 사이에 있는 동네이다. 엔 케렘의 명칭은 '포도밭의 샘'이란 뜻이다.

세례자 요한의 출생지인 아인 카렘(눅 1:39)은 4세기 이후 기독교인들에 의해 성지화가 되었다. 지금은 세례자 요한 탄생교회와 동정녀 마리아가 엘리사벳을 만난 곳에 마리아 방문교회가 그 반대편에 세워져 있고 그 외에 마리아의 샘이 있다. 근처에는 횃불 신호를 보낸 곳으로 언급되는 렘 6:1의 벤학게렘(오늘날 라맛 라헬, Ramat Rahel)이 있다.

육백만 유대인 학살 기념관

야드 바셈의 600만 유대인 학살기념관에 있는 고난을 상징하는 사람 뼈조각 작품

600백만 유대인 학살 기념관은 예루살렘 근교 야드바셈에 있다. 우리나라 현충사와 같은 이 곳에는 유대인이 당한 고난에 대한 역사적인 자료들과 고난을 상징하는 욥의 고뇌의 동상과 조각품들이 있다. 세계 각국에 흩어져 살다가 독일 나치 치하에서 죽은 자들을 위해 600만 그루의 나무를 심어놓고 신분이 밝혀질 때마다 나무 밑에 푯말을 세워놓았다. 이 곳에는 수많은 유대인들을 살린 폴란드 태생 쉰들러의 나무도 있다. 그의 무덤은 예루살렘 시온산에 있다.

엠마오

부활한 예수께서 두 제자와 함께 식사를 했던 엠마오(라트룬)의 비잔틴때 교회터 강단쪽 중앙이 식사 자리

엠마오(Emmaus)는 눅 24:13에 "예루살렘에서 25리(10km)되는 엠마오라고 하는 촌으로 가면서"라고 한 번만 소개된 지명이다.

성경학자들이 종합해서 추정하는 곳은 기브온을 지나 아얄론 골짜기를 거쳐 내려와 예루살렘과 텔아비브간의 국도와 만나는 지점의 동북 코너인 라트룬이다. 또한 엘 큐베이바(티-Qubeiba)라는 동네는 예루살렘에서 서북쪽으로 11km 지점에 있으며 십자군 시대부터 엠마오 동네로 알려져 있다. 이 곳에 세워진 엠마오기념교회 바로 옆으로 로마 시대의 길이 예루살렘으로 연결되었던 흔적이 있고, 거리가 예루살렘까지 25리 되는 곳으로(눅 24:13) 십자군 시대부터 이 곳을 엠마오로 생각해 왔다.

여리고

◐ 공중에서 본 구약의 여리고

여리고는 예루살렘 동쪽 35km, 사해 북쪽 끝에서 9km, 요단강 서쪽 8km 지점에 있는 요단강 길목에 있다. 이 여리고는 요단 계곡 안에 있는 성읍 중 가장 중요하고 현재까지 세계에서 가장 오래된 도시이다. 여리고는 100년 초부터 크게 확장되었고, 근래에는 팔레스틴 난민들이 모여 들어 1만명 이상이 살고 있다.

고고학적 발굴에 따르면 여리고는 1만년 전부터 사람이 살았던 곳이다. 여리고는 오랜 역사를 지닌 도시답게 그 위치도 세대에 따라 장소가 다른 세 군데가 있다. 텔 에스 술탄(Tell es Sultan)은 옛 구약 시대의 여리고성으로 신시가지 북서쪽 변두리에 침식한 알 모양의 언덕으로 되어 있다. 그것은 오랜 세월 동안 거주한 기반 때문이다. 또 하나는 와디 켈트(Wadi Qelt)로 신약 시대의 여리고 또는 헤롯의 여리고인데 현재의 여리고시로부터 남쪽으로 1.6km 지점에 있다. 이 곳에는 헤롯의 고고학적 흔적만 남아있으나 예수 당시에는 장대한 도시였음을 보여 주고 있다. 마지막으로 현대 여리고는 작은 언덕들로 둘러싸인 소도시로 큰 건물은 별로 없고 종려나무 숲 사이에 흙 벽돌로 지은 집들이 있다.

여리고는 해면보다 250m나 낮아 연중 기온이 높고 각종 과일이 풍성히 나는 곳이다. 그래서 구약과 신약 시대를 막론하고 많은 성경의 역사를 가진 곳이다. 이스라엘 백성이 가나안 입주시 요단강을 건너 여호수아의 지휘 아래 첫 번째로 점령한 곳이요, 엘리사가 머물렀던 곳이며, 예수께서 소경의 눈을 뜨게 하신 곳이고, 세리장 삭개오가 회개한 곳이다.

신약 여리고에서 구약 여리고를 본 모습

엘리사샘(왕하 2:19-22)

9천년전 구약 여리고 망대

삭개오나무(돌무화과나무)

엘리사의 샘은 일명 '술탄샘' 이라 부른다. 구약의 선지자 엘리사가 수원지에 소금을 뿌려 고쳤다. **돌로 지은 망대**는 9000년전의 것으로 당시의 여리고가 얼마나 견고했는가를 보여준다. 망대는 높이 9m, 직경 8m안의 둥근 기둥형의 돌탑이다.
삭개오라고 불리는 이 나무는 돌무화과나무로 500년 이상 정도 된 것으로 추정된다.

유대광야 지역

예수께서 시험받은 유대광야

성 조오지(게오르그) 수도원 와디켈트

유대광야는 북쪽으로 벧엘 동편에서 요단강 하류와 사해까지 이르며, 남쪽으로는 네겝 지역의 경계선까지 이른다. 동서 너비가 가장 넓은 곳은 29km, 남쪽에서는 16~20km이며 남북 길이는 80~96km가 되는 넓은 광야이다. 특히 900m의 높은 고원지대가 많고 절벽들이 많으며 협곡이 나타난다. 세례자 요한은 이 광야에서 회개를 외쳤으며(마 3:1), 예수는 공생애 전에 마귀에게 시험을 받았다. 여리고 앞의 유대광야에는 예수께서 시험받은 것을 기념하는 수도원이 세워져 있다.

마리아의 부친 요아킴은 경건 생활을 위해 도시에서의 부유한 생활을 포기하고 유대 광야에서 양을 치며 살았다. 이 수도원은 그런 요아킴의 경건 생활을 기념하기 위해 유대광야 와디켈트 계곡의 절벽에 비잔틴 시대에 세워진 것으로 전해진다.

시험산은 성경에는 나오지 않으나 예수께서 40일 금식 후 마귀에게 시험을 받은 산으로 일컬어진다. 이 산은 유대광야가 시작되는 여리고 앞에 있으며 이 산 정상 부분에는 시험산 수도원이 세워져 있다. 이 시험산 수도

예수께서 시험받은 시험산

원은 12세기 2개의 교회가 있었다. 하나는 지금의 수도원 자리에 있었고 다른 하나는 산 정상에 있었다. 현재의 수도원 자리는 예수께서 금식을 했다는 굴이 있었던 곳으로 이 곳에는 예수께서 마귀와 대면할 때 예수께서 앉으셨다고 하는 바위가 있다. 그리고 정상에는 1874~1904년에 이전 건물을 헐고 지은 교회가 있다.

선한 사마리아 여인숙, 유대 광야

오스만 제국이 이스라엘을 점령했을 때 순례자들을 위해 세웠던 것으로 일종의 칸(Khan, 여인숙 혹은 여관)이다. 이 곳은 예루살렘에서 15km 거리에 있으며 그 왼쪽에는 산화철 때문에 지표가 붉게 물들어 붉은 오르막길이라 불리는 마알레 아둠밈 비탈이 있다. 유대의 전설에 의하면 순례자들이 이 곳에서 강도에게 피습을 당해 그 때 흘린 피가 지면을 붉게 물들인 것이라고 한다.

소금성 쿰란, 에네글라임, 요단강 예수 세례터

사해 사본이 발견된 쿰란 제4동굴

에스겔의 성전 환상에 언급된 에네글라임

성경에서 소금 성읍으로 알려진 쿰란은 BC 150-AD 68년 사이에 도시의 유혹을 떠나 기도와 명상에 적합한 광야로 나온 엣센파(에세네파)가 거주하며, 나름대로의 성경 해석에 따라 여호와의 도래를 기다리며 성경을 필사하였다. 그러나 티투스와 로마 군단이 여리고에 침공하자 엣센공동체는 사본들을 주변 굴에 숨겨 두고 도망하였다.

이 쿰란이 유명해진 것은 1947년에 한 베두인 소년에 의해 쿰란 부근 동굴에서 BC 2세기경의 성경 사본과 정경 주석들이 발견되었기 때문이다. 이 성경 사본이 사해 근방에서 발굴되었다고 해서 '사해 사본' 또는 '쿰란 사본'이라고도 한다. 현재 이 사본이 예루살렘에 있는 이스라엘 국립박물관 내 사해 사본 보관소(The Shrine of the Book)에 전시되어 있다. 사해 사본의 발굴은 금세기(100년간) 성경 고고학계에서 최대 사건으로 평가되는 일이다.

에스겔이 성전 문지방에서 흘러나오는 환상에 언급된 에네글라임(겔 47:10)의 위치에 대해서는 대부분의 학자들이 엔게디 북쪽 사해 근교의 키르벳 쿰란 남쪽 3-4km 지점, 엔게디 북쪽 25-26km 지점의 에인 파스카(Ein Fashkha, Einot Tsukim)로 본다.

에스겔 선지자는 환상을 통해 성전에서 나오는 물이 넘쳐 그 물이 예루살렘 동쪽으로 흘러 아라바(사해)로 내려가 바다에 흐르게 되는데 그 물로 인해 바닷물이 되살아 날 것이며, 엔게디부터 에네글라임까지 그물치는 곳이 될 것(겔 47:1-12)이라는 말씀을 들었다.

예수께서 세례를 받은 이스라엘쪽 요단강
실제 장소는 요단강 건너편 요르단 지역으로 200-300m 정도 떨어져 있다. 이전에는 1년에 한번 개방했으나 지금은 연중 개방하여 수많은 기독교인들이 찾아와 직접 요단강물에 세례를 받기도 한다.

쿰란 공동체 유적지

중앙산악의 중부 지역(벧엘, 실로, 세겜, 사마리아)

이스라엘 중앙 산악지대 중 중부 지역은 오늘날 요르단 서안지역으로 대부분 팔레스틴 사람들이 거주하고 있다. 남부와 북부 갈릴리 지역에 비해 성경과 관련된 도시들은 많지 않지만 중요한 도시들이 자리잡고 있다. 그중에는 벧엘, 아이, 실로, 세겜, 사마리아, 도단 등이 있다. 모두 개인적인 답사는 가능하나 단체로 가기에는 교통과 치안의 제약이 따른다.

벧엘

야곱이 꿈을 꾸고 서원한 벧엘

벧엘은 예루살렘 북쪽 17km쯤 되는 곳으로 오늘날 베이틴(Beitin)이란 아랍인 동네 바로 옆에 유적이 있다. 해발 880m의 고지대에 위치한 벧엘은 현재 돌무더기가 남아 있을 뿐이다. 히브리어 벧엘의 '벧'은 집, '엘'은 하나님이란 뜻으로 그 뜻은 '하나님의 집'이다. 벧엘은 예루살렘 다음으로 성경에서 많이 나오는 중요한 성읍이다.

아브람은 하란을 떠나 가나안 땅에 들어와 세겜을 거쳐 바로 벧엘에 이르렀으며(창 12:8), 야곱은 형 에서를 피하여 하란으로 도망하던 도중에 루스(Ruz)에서 자다가 꿈을 꾸고 깨어나 제단을 쌓은 후 기름을 붓고 그 곳 이름을 벧엘이라고 불렀다(창 28:10-19). 북이스라엘의 첫번째 왕인 여로보암은 남쪽으로 가는 인심을 막기 위해 북쪽의 단과 함께 이 곳에 금송아지를 만들어 세웠다(왕상 12:26-33).

이 곳은 현재 키브츠 경내에 있어 방문을 위해서는 키부츠가 개방되어 있는지 확인한 후 방문해야 한다. 이 곳에는 산당터와 올리브 기름을 짜던 동굴터 등이 있다.

실로

법궤가 안치되었던 실로의 전경

실로는 예루살렘 북쪽으로 약 30km 지점에 위치한 벧엘과 세겜 사이의 가나안 중심부에 위치해 있다. 이스라엘 백성은 출애굽 후 가나안에 들어와 최초로 이 곳에 성막을 세웠다. 이후 여호수아때부터 사무엘때까지 법궤와 성막이 이 곳에 있었다(삼상 1:3). 그후 블레셋에게 법궤가 빼앗기고 엘리 제사장이 죽은 후에 실로는 무너졌다. 사무엘의 어머니 한나가 기도하러 왔던 이 곳 실로는 이스라엘 역사상 중요한 역할을 한곳이다. 여호수아때 이 곳에는 회막이 세워졌고 여호수아는 이 곳에서 아직도 정복하지 못한 가나안 땅을 각 지파에게 제비뽑아 나누어 주었다.

실로의 성소터 한나가 기도한 곳

세겜

에발산과 그리심산 사이에 있는 세겜

세겜은 예루살렘 북쪽 63km 지점의 중앙산악 지대에 있는 대표적인 성읍으로, 북쪽에는 저주의 산이라고 불리는 에발산(940m)이 있고, 남쪽으로는 축복의 산으로 불리는 그리심산(881m)이 있다. 고대 세겜은 오늘날 텔 발라타로 세겜 중심지에서 동쪽으로 2km 떨어진 곳에 있다. 이 곳은 아브라함이 가나안 땅에 도착하여 첫 제단을 쌓은 곳이고, 야곱은 귀향하던 중 머문 곳이다. 시내 입구로 들어서면 바로 예수께서 사마리아 여인을 만난 야곱의 우물이 있다.

세겜에 있는 야곱의 우물(요 4:1-26)

고대 세겜에 있는 언약의 석비(수 24:27)

사마리아

사마리아에 있는 로마때의 포럼(광장)

사마리아는 본래 북이스라엘의 오므리 왕이 세멜(Shemer)에게 은 두 달란트를 주고 매입하여 그 산 위에 성을 건축하고, 성 이름을 그 산 주인이었던 세멜의 이름을 따서 사마리아라고 일컬었다(왕상 16:24). 헤롯 때에는 아우구스투스의 그리스 이름인 세바스티아(Sebasetia)로 바꾸었다.

사마리아는 예루살렘 북쪽 74km 지점, 세겜 북쪽 13km 지점에 있는 팔레스틴의 중앙산악 지대에 있는 가장 중요한 성읍이다. 이스라엘이 남북으로 분열된 후 오므리에 의해 수도가 되면서 크게 부흥했으나 이후 점차 쇠퇴했다. 오늘날 이 곳에는 야외극장을 비롯해 많은 유적이 남아 있다.

사마리아 상세도
① 로마때의 성벽 ② 경기장 ③ 로마때의 광장 ④ 로마때의 원형극장 ⑤ 코레(Kore) 성전 ⑥ 포장도로 ⑦ 비잔틴때 주랑이 있는 거리 ⑧ 아우구스투스 성전 ⑨ 비잔틴때 교회

텔아비브-욥바

욥바에서 본 텔아비브

욥바는 예루살렘 서북쪽 65km쯤의 지중해에 있는 해안 항구도시로 지명의 뜻은 '아름답다' 이다. 오늘날 욥바는 1948년 이후 북쪽에 있는 텔아비브와 합쳐져 텔아비브-욥바로 부르게 되어 이제는 두 도시가 하나가 되었다.

욥바는 본래 구약 시대에 단 지파가 살던 곳이요, 솔로몬이 예루살렘 성전을 건축할 때 레바논산에서 벌채한 백향목을 두로나 시돈 항구에서 뗏목을 지어 지중해로 흘려내려 욥바 항구로 보낸 후 예루살렘으로 반입한 곳이다(대하 2:1-16). 또한 선지자 요나가 하나님의 명령에 불순종하여 다시스로 도망하기 위해 배를 탄 곳이기도 하다(욘 1:3). 신약 시대에는 베드로가 욥바에서 선행과 구제하는 일을 많이 하다가 죽은 독실한 여성도 다비다를 살린 곳이다(행 9:36-42). 그리고 베드로는 가죽으로 상품을 만드는 가죽 무두쟁이 시몬의 집이 머물렀다(행 9:43), 이 곳에는 다비다의 무덤으로 전해오는 무덤이 있다.

🔵 **무두쟁이 시몬의 집(행 9:43)** 욥바

가이사랴

가이사랴의 야외극장

야외극장은 본성에서 남쪽으로 400m 지점에 소재하며, 로마 시대에 건설되었고, 3세기와 6세기에 보완도 이루어졌다. 이 극장은 바다를 향하여 반원형 극장으로 탑처럼 쌓여졌다. 20m 높이로 올라간 계단식 좌석으로 되어 있으며, 바닷 바람이 관중석을 향해 불어오기 때문에 마이크 장치 없이도 무대의 음향이 아주 잘 들리도록 설계되어 있다.

가이사랴의 도수교

갈멜산의 수원으로부터 가이사랴 항구까지 교각을 통해 물을 끌어들이기 위해 로마때 건설되었다. 이중으로 건설된 이 수도교의 교각 바다쪽은 로마때에, 육지쪽은 헤롯때에 쌓았다.

헤롯 궁전터(행 24:35) 가이사랴 🔵

갈멜산(산맥)

● 엘리야가 바알 선지자와 대결한 갈멜산

갈멜산(Mt. Carmel)은 가이사랴의 지중해 해안을 따라 북쪽으로 올라가 돌출된 부분에 위치한 오늘날 하이파 항구에서 남쪽으로 약간 내려간 곳에 있는 해발 552m의 산이다. 이 산이 있는 산맥은 약 20.8km 정도되며 가장 높은 봉우리는 에스피에(Esfiyeh)로 540m(혹은 523m)이다.

오늘날에는 1883년 지크론 야코브라는 모샤브가 이 곳에 건설되면서부터 유대인들이 정착하였고, 이스라엘 정부수립 이후 이 부근에 많은 모샤브가 생겨 농사를 짓고 있다. 여호수아는 이 산 중에 있는 욕느암 왕을 격파하였고(수 11:22), 엘리야는 바알 선지자 450명을 전멸시킨 후 이 산에서 기도하여 3년반 동안 가물었던 땅에 단비를 내리게 했다(왕상 18:20-40). 엘리사는 이 곳에서 수넴 여인의 죽은 아이를 살려 주었다(왕하 4:25, 35). 예레미야 선지자는 "그가 갈멜과 바산에서 먹을 것이며"(렘 50:19)라고 하여 번영과 행복한 생활을 나타내었다.

● 갈멜산에 세워진 엘리야 기념교회

갈멜산에서 바알 선지 450명과 아세라 선지 400명을 물리친 엘리야는 바알 선지자들을 기손시내로 데려가 죽였다. 이런 갈멜산에서의 사건을 기념하기 위해 십자군 시대에는 산 정상에 많은 수도원과 기념교회가 건설되었다. 그러나 그후 많이 파괴되고 현재 남아있는 석조건물은 1836년에 그리스 정교회 소속 수도원(교회)만이 있다.

이 수도원 마당에는 엘리야가 제단을 쌓았던 장소에 엘리야가 바알 선지자를 죽이는 동상이 세워져 있으며, 수도원 입구에는 바알 선지자들이 기우제를 드리는 장면과 불이 임하는 엘리야의 제단, 그리고 바알 선지자들을 죽이는 장면이 벽에 부조되어 있다.

● 바알 선지자를 죽이는 엘리야 동상
기손시내(왕상 18:40) 뒤는 갈멜산 ●

므깃도(Megiddo)

공중에서 본 므깃도

므깃도는 갈멜산 동남쪽, 예루살렘으로부터는 북으로 120km 지점의 이스르엘 골짜기 남부에 위치한다. 일반 평지보다 약 50m가량 높은 곳의 평원에 위치한 므깃도는 이스르엘 계곡과 서남쪽으로 내려가는 이론 계곡(Iron Valley)의 연결점으로 옛부터 북쪽의 시리아와 남쪽의 애굽을 왕래하는 통로였기 때문에 역사적으로 강대국간의 격전지가 되었다.

므깃도는 여호수아 땅분배시 므낫세 지파에게 돌아갔는데, 그들이 차지한 땅의 원주민들이 완강히 반항했기 때문에 완전히 몰아내지 못했다(수 17:11-13). 사사 시대의 바락은 므깃도에서 시스라의 군대를 크게 물리쳤다(삿 4:1-24). 통일왕국 시대의 므깃도는 다윗왕이 점령했고 그의 아들 솔로몬왕 때 성이 건축되었다. 일반적으로 솔로몬 시대에 건축했다는 마병성이 이 곳의 것으로 보고 있다(왕상 10:26-29). BC 9세기에 유다의 아하시야왕은 예후에게 쫓겨 므깃도까지 도망와서 죽었고(왕하 9:27), BC 609년에는 요시야가 북진하는 애굽 왕 바로느고와 므깃도에서 싸우다가 죽어 신복들이 그 시체를 병거에 싣고 므깃도에서 예루살렘에 돌아와서 그 묘실에 장사했다(왕하 23:30).

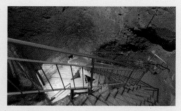

⬆ **바위를 파서 만든 므깃도 수로**

므깃도 상세도

① 솔로몬때 계단이 있는 바깥문 ② 솔로몬때 성문 ③ 가나안 시대의 성문(BC 15세기) ④ 가나안 시대의 성문(BC 18세기) ⑤ 마굿간 ⑥ 가나안 시대의 신전 ⑦ 청동기 시대의 신전 ⑧ BC 10세기경 기병대장 숙소 ⑨ 곡식 저장소 ⑩ 궁전 ⑪상수도 시설 ⑫ 지상에서 텔 므깃도 성채로 올라가는 20-30m 높이의 길

⬆ **므깃도의 마굿간터**

솔로몬이 건설했다는 마병성 광장은 약 450필의 말과 150여대의 병거를 수용할 수 있는 대규모였으며, 중앙에는 말에게 물을 먹이던 물통까지 있었다. 이 마굿간은 솔로몬왕이 건축했다고 하나 약 100년 후 아합왕 때 만든 것으로 주장되기도 한다. 이는 므깃도가 전략적 요충지임을 보여준다. 이집트 문헌에는 다른 성 100곳보다 므깃도가 낫다고 기록하고 있다.

갈릴리의 나사렛

나사렛의 오늘날 모습

나사렛은 예루살렘 북쪽 약 134km 지점, 텔아비브 동북쪽 약 105km 지점으로, 티베리아에서는 서남쪽으로 31km쯤 되는 산악지대에 있는 마을이다. 이스라엘 계곡의 중심 도시인 아풀라 정북쪽으로 13km 떨어져 있다. 그리고 갈릴리 바다에서는 서쪽으로 약 32km 떨어진 곳에 위치한 갈릴리 지방의 작은 동네였으나 지금은 이 지역의 중심 도시가 되었다. 삼태기 모양으로 가운데가 움푹 들어간 분지 속에 자리잡고 있으며, 주위에는 해발 375m의 산이 마치 병풍처럼 둘러쳐져 있다. 나사렛은 예수님의 부모인 요셉과 마리아가 살았고, 예수께서 출생한 후 잠시 애굽 피난 후(마 2:13-15)를 제외하고는(눅 1:26-38) 30세쯤 된 공생애 직전까지 일생을 보냈던 곳이다. 그래서 예수는 '나사렛 예수'라고 불린다.

⊙ 마리아 수태고지교회

이 곳에 콘스탄틴 대제의 어머니 헬레나 여사에 의해 326년경 처음으로 교회가 세워진 후 여러 차례 파괴되고 재건되는 과정을 반복했는데 현재 건물은 다섯 번째 교회로 1969에 헌당된 것이다. 현재 성지에서 가장 큰 교회당인 이 교회는 베이지색 건물에 옅은 벽돌색 돌을 줄무늬처럼 배열한 모습을 하고 있다. 20세기의 유명한 교회건축가 무치오가 설계 건축했는데 정면 폭이 30m, 길이 70m이다. 교회 정면에는 가브리엘 천사가 마리아에게 예수의 수태소식을 전해주는 장면과 뾰족탑 형태의 지붕이 60m 높이로 솟아 있다.

마리아에게 수태를 알리는 가브리엘 천사 ⊙

처녀 마리아에게 천사 가브리엘이 나타나 "은혜를 받은 자여 평안할찌어다. 주께서 너와 함께 하시도다"라고 선포하매 놀라는 마리아에게 "네가 수태하여 아들을 낳으리니 그 이름을 예수라 하라"(눅 1:26-31)고 한 이 곳은 본래 마리아가 살던 집이었다. 이 동상은 수태고지교회 앞 뜰에 세워진 것으로 천사가 마리아에게 수태를 고지하는 모습의 동상이다.

⊙ 수태고지교회 벽면의 한복 입은 마리아

교회 밖의 넓은 벽면에 가득 채우고 있는 성화들은 전 세계 각국에서 보내온 것들이다. 그림들은 각기 자기 나라의 풍속 배경을 넣었는데 아프리카 교회에서 보낸 것은 흑인의 모습인데, 한국에서 보낸 것은 한복을 곱게 차려입은 마리아가 색동옷을 입은 예수를 안고 있는 모습으로 무궁화 배경 액자에 한글로 '평화의 모후여 하례하나이다'라는 큼직한 글귀가 눈길을 끌고 있다.

✪ 나사렛에 있는 예수 당시의 회당 내부

순례객이 예수께서 나사렛의 회당에서 이사야서의 말씀을 전했다는 내용이 있는 눅 4:1-20의 말씀을 읽고 있다.

예수 당시 나사렛은 30가구 정도 살고 있었다. 유대인들은 성인 10명이 있으면 회당을 건축하는데 당시 나사렛은 한 곳의 회당이 있었음에 틀림없다. 현재 나사렛에는 마리아 수태고지교회 근처에 예수 당시의 것으로 주장되는 회당이 있다.

✪ 나사렛의 성 요셉교회 내부

요셉교회는 요셉이 베들레헴에서 이주해 온 후에 목수일을 하며 어린 예수와 함께 지냈던 곳에 세워졌다. 현재 교회는 수태고지교회 경내에 있으며 교회와는 100m 정도 떨어져 있다. 교회 밖에는 예수께서 12살 때 예루살렘으로 내려가는 성가족이 부조되어 있다. 교회 안 지하로 내려가면 요셉이 작업터가 있으며 색유리에는 요셉과 마리아가 정혼하는 모습과 요셉의 결혼 모습이 새겨져 있다.

✪ 나사렛의 가브리엘교회

수태고지교회에서 북쪽으로 600m 떨어진 곳에 가브리엘교회가 있다. 비잔틴 시대와 십자군 시대의 교회가 있던 자리에 18세기에 새로 지은 것이다. 건물 안쪽에 샘이 솟아나고 있는데 이 샘은 마리아가 물을 길러 왔을 때 천사가 나타나 첫번 전달한 말씀인 "은혜를 받은 자여 평안할찌어다"(눅 1:28)라고 한 자리라고 한다. 이 샘물은 땅속으로 흘러 100m 남쪽에 있는 마리아의 우물에 이른다. 현재 건물은 1862년에 세워진 것이다.

✪ 예수를 죽이려고 했던 낭떠러지

이 곳은 나사렛에서 2km 지점에 있다. 예수께서 나사렛에 머무는 동안 안식일에 회당에 들어가 이사야서의 말씀을 전하자 무리들이 분개하여 이곳 낭떠러지까지 예수를 끌고와 낭떠러지로 밀쳐 죽이려 했다. 그러나 안식일인 것을 안 동네 사람들은 죽이지 못했다. "회당에 있는 자들이 이것을 듣고 다 분이 가득하여 일어나 동네 밖으로 끌고 가서 밀쳐 내리치고자 하되 예수께서 저희 가운데로 지나서 가시니라"(눅 4:29-30).

갈릴리의 가나

카프르 가나의 오늘날 모습

키르벳 가나의 유적지

가나는 헬라어로 '갈대' 라는 뜻을 지닌 이름이다. 가나의 위치에 대해서는 세 군데 설이 있다. 하나는 레바논 지역에 있는 가나이고, 나머지 두 곳은 갈릴리 지역에 있는 곳으로 그중 하나는 나사렛에서 티베리아로 가는 길의 약 6km 지점에 있는 현재 카프르 가나(Kafr-Kana)라는 곳이다. 또하나의 가나설은 나사렛 북쪽 14km 지점에 있는 키르벳 가나(Kefr kenna)라는 설이 있다. 이중에 키르벳 가나가 가장 설득력 있게 주장되는 곳이다. 유대 역사학자인 요세푸스와 제롬 등도 이 곳을 가나로 보고 있다. 12세기경 순례객들은 키르벳 가나를 복음서의 가나로 알고 순례했다는 기록이 있다..

요한복음에 의하면 가나는 예수께서 혼인집에서 물을 포도주로 변화시킨 첫번째 표적을 행하신 곳이다(요 2:1-11). 예수께서는 왕의 신하의 아들이 병들어 죽어갈 때 네 아들이 살아났다고 말씀하신 것도 가나이다. 나다나엘은 가나 출신이다.

가톨릭 소속의 기적교회

예수께서 물을 포도주로 만든 첫 번째 기적을 가나에서 행하신 것을 기념하기 위해 가나에는 두 개의 기념교회가 세워져 있다. 가톨릭 소속 프란시스코교회과 그리스정교회에는 각각 돌항아리들을 보관하고 있는데 각기 자기네가 보관하고 있는 것이 예수께서 표적을 행하신 본래의 항아리라고 주장하고 있다. 오늘날 이 교회당에서 결혼식을 행하면 행복하게 산다고 하여 많은 사람들이 이 곳에서 결혼식을 거행하고 있다.

나다나엘 기념교회 기적교회 옆

가나는 예수님의 제자가 되었던 나다나엘의 고향이기도 하기 때문에(요 1:44-51, 21:2) 이 곳에는 나다나엘 기념교회가 기적교회 바로 입구에 세워져 있다. 그러나 찾는 이가 적어 평상시에는 잠겨져 있다

나다나엘(요 1:45, 21:2)은 바돌로매라는 이름으로 알려진 예수의 12제자 중 한사람이다. 그는 빌립의 전도로 예수께 나온 사람이다.

갈릴리 바다

북쪽에서 본 갈릴리 바다

오늘날 밤새도록 고기잡는 갈릴리 어부

갈릴리 바다는 구약 시대에 긴네롯 바다(수 12:3), 긴네렛(Chinnereth) 호수라고도 불렸는데 이는 긴네롯은 바다의 모양이 하프와 비슷하여 붙여진 것이다. 곧 하프와 비슷한 악기인 긴노르(Kinnor)라는 악기에서 유래되었다. 이것은 신약에 와서 게네사렛(Gennesaret)으로 변했고(눅 5:1), 또다른 이름인 디베랴 바다(요 6:1), 갈릴리 바다(마 4:18)라고도 불렀다. 갈릴리 바다는 남북의 길이가 20.8km, 동서의 가장 넓은 너비가 12.8km, 면적은 165km²이며, 깊이는 강우량에 따라 큰 차이를 보이는데 평균 50~60m가 된다. 평균 수면 고도는 해저 200m로 강우량에 따라 변동이 있다.

예수께서는 갈릴리 바닷가에서 어부 출신의 제자들을 부르시고(마 4:18~22), 이 바닷가에 있는 가버나움 회당에서 많은 말씀을 가르치시고 병자를 고치셨다. 또한 베드로로 하여금 이 바다에 낚시를 던져 고기 입에 문 동전으로 성전세를 내도록 기적을 베풀었다(마 17:24~27). 그리고 폭풍을 잔잔케 했으며(눅 8:22~25), 바다 위를 걸어오는 표적을 행했다(요 6:16~21). 갈릴리 바다 주변의 도시로는 디베랴(티베리아), 막달라, 긴네렛, 가버나움, 고라신, 벳새다, 거라사(쿠르시), 아래 아벡 등이 있고, 기념교회로는 오병이어교회, 팔복교회, 베드로수위권교회 등이 있다.

이스라엘을 한번 이상 방문한 분이라면 자전거나 도보로 갈릴리 바다를 일주하는 것도 새로운 경험이 될 것이다. 자전거는 1일이면 가능하고 티베리아에서 빌릴 수 있다. 도보는 63km 정도이다.

갈릴리 바다에서 잡히는 배쓰 일명 베드로 고기 ◉

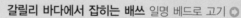

갈릴리 바다 남쪽 끝 요단강 입구의 요단강 세례터에서 세례받는 순례객

이 곳은 순례객들을 위해 키브츠에서 만들어 놓은 것이다. 갈릴리 바다에서 물이 흘러 요단강이 시작되는 곳에 요단강을 가로지르는 다리가 놓여 있고, 다리 바로 남쪽에 세례 장소가 있다. 긴네렛 키브츠에서 세운 것으로 이 곳을 방문하는 기독교인이면 세례자 요한으로부터 세례를 받으시던 예수님을 떠올려 볼 수 있는 좋은 곳이다. 또한 직접 흰 까운을 빌려 입고 침례를 행하는 교인들도 많이 있다.

갈릴리 바닷가의 가버나움

가버나움 지역 그리스정교회가 보인다.

가버나움은 갈릴리 바다 서쪽 중앙의 디베랴로부터 해안을 따라 북동쪽으로 16km 지점, 타브가(Tabgha)에서는 3km 떨어진 곳에 있다. 가버나움이란 '나훔의 동네'란 뜻의 히브리어 지명이다. 아랍어로는 탈훔(Talham)이라고 불린다. 예수 당시의 가버나움은 꽤 큰 도시였으니 지금의 호수 가에까지 뻗어나갔을 것이고, 당시의 가버나움 인구는 15000-20000명으로 추산한다. 가버나움은 예수의 갈릴리 지방 선교본부라고 할 만큼 예수께서는 이 곳에서 가장 많은 표적을 행하시고 많은 교훈을 가르치셨다. 그러나 이 마을은 끝까지 회개치 않음으로 멸망을 예고받은대로(마 11:23) 멸망한 후 오랫동안 폐허가 되었다.

가버나움은 1894년에 이탈리아 나폴리 출신인 프란체스코 수도회의 류세삐 발디가 그 당시 이곳에 거주하고 있던 베드윈족에게서 폐허 지역을 사들였다. 그후 1905년 독일인 쿨(Kohl)과 바징거(Watzinger)는 가버나움의 고고학적 연구를 진행하기 위해 이 일대를 발굴할 것을 제안하고 수도회의 허락을 받아냈다. 여기에서 4세기 것으로 추정되는 유대인 회당을 발굴했고, 회당의 서쪽과 남쪽에 위치하는 고대 마을의 일부도 발굴했다.

가버나움 회당 4세기경

연자맷돌

베드로 집터

벳새다

🔵 텔 벳새다의 어부의 집터

벳새다의 뜻은 '고기잡는 집'이다. 이곳은 유세비우스(Eusebius)와 16세기 순례자인 테오도시우스(Theodosius)에 의해서도 언급되었다.

벳새다는 벳새다 마을인 텔 벳새다와 예수께서 오병이어의 기적을 베푼 벳새다 들판이 있다. 텔 벳새다는 갈릴리 바다 북쪽 해안에 소재하며 가버나움 동쪽 약 4km 지점으로 고라신과 가버나움과는 3각 위치에 각각 놓여 있다. 벳새다 들판은 예수께서 오병이어로 성인 남자 5000명을 먹이신 표적을 행한 곳으로(마 14:13-23) 지금의 '타브가'(Tabgha)라고 부르는 곳과 텔 벳새다 동남쪽의 북부 요단 강이 갈릴리 북부쪽으로 유입되는 곳이 있는데 후자의 경우가 더 유력시된다.

갈릴리 바닷가의 베드로 수위권교회

베드로 수위권교회 또는 수제자임명교회라고도 한다. 이 교회는 1938년 프란시스코 수도회에서 베드로가 미래 교회의 수장으로 선택된 것을 기념하여 바위 위에 세운 교회이다. 베드로의 본래 이름은 시몬이었는데 예수께서 '바위'라는 뜻의 베드로라는 이름으로 개명하였다.

베드로 수위권교회 내부(상) 교회 옆 동상(하)
교회 내부의 바위는 부활한 예수께서 제자들을 위해 식탁으로 사용한 것이다.

갈릴리 바닷가 타브가의 오병이어교회

⊕ **오병이어교회 외경** 앞에 있는 것은 올리브를 짜는 맷돌이다.

타브가는 1930년대 초 독일 고고학자가 발굴한 곳으로 이 곳에서 400년경 건축된 것으로 보이는 교회의 유적들이 발견되었다. 발굴된 교회의 바닥은 전부 모자이크로 장식되어 있었다. 1936년 독일 가톨릭 교회에서는 A. 게오르겐과 F. 바우만을 통해 이 곳에 오병이어의 모자이크가 있는 곳을 교회 제단 앞으로 오도록 설계하여 교회를 지었는데 이 교회를 기적교회 또는 오병이어교회 혹은 빵과 물고기의 기적교회라고도 한다.

⊕ **오병이어교회 내부(상)와 교회 제단 앞 바닥에 있는 오병이어 모자이크(하)**

갈릴리 바다 북쪽 핫팃산의 팔복교회

팔복을 가르친 곳에 세워진 팔복교회

갈릴리 호수 북쪽에 있는 팔복산(축복산: Mt. Beatitudes 또는 핫팃산: Mt. Hatti) 위에 위치한 팔복교회는 예수의 산상수훈을 기념하여 1937년 안토니오 바르루치가 팔복을 상징하기 위해 지붕을 팔각형으로 건축한 교회이다.

팔복교회 내부와 팔복 색유리(원내)

팔복교회 내부의 둥근 지붕의 각 창문에는 예수께서 산상수훈때 가르치신 팔복(마 5:3- 12)이 한 조목씩 기록되어 있고 바닥에는 라틴어로 된 여덟 가지의 복이 모자이크로 새겨져 있다.

갈릴리 바다 동편의 거라사

군대 귀신들린 자를 고친 거라사 전경

갈릴리 바다의 동쪽 해변의 중간 지점이 되는 엔게브 키브츠에서 동북쪽으로 약 5km 지점에 있다. 이 곳은 골란고원으로 오르는 계곡의 초입 고원 위에 자리잡고 있다. 요단강에서 동쪽으로 약 32km에 위치하고 있다.

이 곳에는 5세기경의 비잔틴 시대 교회 유적만이 남아 있고 동네는 없다. 산 중턱에는 예수께서 군대귀신 들린 자를 고친 것을 기억케 하는 돌로 된 탑이 있다.

갈릴리 바다 북쪽의 고라신

예수께서 저주한 고라신에 있는 회당

고라신은 가버나움 정북쪽 약 4km 지점인 산 위에 있다. 고라신은 예수님 당시나 그 후에도 몇 차례 동네가 건설되었고, 19세기에는 헬베트 카리제라는 아랍인 동네가 있었다. 이 고라신은 성경 기록에 단 한 번 밖에는 나오지 않지만, 예수님께서 가버나움과 같이 종종 가셨던 고장이요, 한때 번영했으나 가버나움과 같이 예수께 저주를 받은 후 폐허가 되었다(마 11:21-24). 현재 고라신에 있는 회당은 2-3세기경에 건축된 검은색 현무암 회당이다.

이스라엘 북부 지역(단, 하솔, 빌립보 가이사랴, 헬몬산)

갈릴리는 이스라엘 중앙산악 지역 중 최북단 지역으로 상부 갈릴리와 하부 갈릴리로 구분된다. 상부는 하부보다 지대가 높다. 이 지역의 최북단에는 헬몬산이 있고 산 밑에는 빌립보 가이사랴와 바로 근처에 단이 위치해 있다. 요단 계곡을 따라 내려오다가 성경 시대의 메롬호에서 서쪽으로는 도피성인 게데스가 있고, 갈릴리 바다로 내려오는 중간 지점에는 하솔이 있다. 그리고 요단강 동쪽에는 성경의 바산 지역인 오늘날 골란고원이 있다.

헬몬산

요단 계곡에서 본 헬몬산(헤르몬산)

헤르몬산(해발 2,815m 또는 2,852m)은 우리나라 백두산(2,744m)보다 높다. 옛날부터 '거룩한 산'이란 뜻으로 불리워졌는데 히브리어로는 '높은 봉우리'라는 뜻이다. 이 산은 4-5월까지는 눈으로 덮여 있다.
세 봉우리로 이루어진 이 산은 안티 레바논 산맥의 남단에 있는 제벨 에쉬 셰이크(Jebel esh-Sheikh, 백발의 산 또는 추장의 산이란 부르기도 함)가 가장 높은데 2,852m나 되며, 다른 두 봉우리는 하스베아와 파니아스로 조금 낮다. 산 정상의 눈은 고대에는 부유층의 음료를 차게 하는데 이용되었고 적설과 눈녹은 물은 갈릴리 호수로 흘러 요단강의 귀중한 수원이 되고 있다.
지금은 1967년 6일 전쟁 후 이스라엘 군대가 시리아로부터 이 곳을 점령한 후 이스라엘, 시리아, 레바논의 국경을 접하고 있다. 다볼산과 함께 예수께서 변화한 산으로 주장되는(마 17:1-8) 이 산은 그 숭고한 모습과 아름다운 모습으로 인해 시편 89:12, 아 4:8 등에서 시로 읊어졌다.

빌립보 가이사랴

베드로의 신앙고백이 있던 빌립보가이사랴

빌립보 가이사랴는 예루살렘 북쪽 약 227km 지점으로 텔 단으로부터는 동쪽으로 약 4km 거리가 되는 헬몬산 밑에 있다.
이 성읍의 명칭은 파네아스(Paneas)라고 했는데 이는 이 곳에서 숭배된 판(Pan)의 명칭을 따른 것이다. 이 곳은 예수 당시 헤롯 대왕의 아들 빌립의 통치구역이었으며, 빌립의 수도로 쓰였기에 이 곳을 로마 황제 가이사와 자기 이름인 빌립을 합해서 가이사랴 빌립보라고 불렀다. 이 곳은 베드로가 신앙고백을 한 유명한 곳이다(마 16:16).

헬몬산에서 나오 물이 이룬 바니아스 폭포

단 지역

단에 있는 여로보암의 산당터

단은 갈릴리 바다 북쪽 65km 지점으로 두로에서 다메섹까지 동서의 간선도로와 남북도로가 교차되는 지점에 있는 이스라엘의 북쪽 국경 도시였다. 지명의 뜻은 '재판장'이다. 원래의 이름은 라이스였으나(삿 18:29), 단 족속이 점령한 후 그 조상의 이름을 따라 단이라 개명하였다.

훗날 여로보암은 이 곳에 금송아지를 만들어 놓고 숭배하게 함으로써 남유다의 르호보암에게 향하는 백성들의 인심을 돌리고자 했다. 여로보암의 이 조치는 결국 이스라엘을 멸망으로 이끌게 하는 원인이 되었다(왕상 12:25-30). 이스라엘은 자기들의 북쪽 지역의 국경을 단이라 하였다(삼상3:20). 현재도 이 곳은 이스라엘과 레바논과의 국경과 근접해 있다.

하솔

하솔 전경

하솔은 갈릴리 호수 북쪽 16km 지점에 있는 고대 가나안의 수도이다. 하솔은 북부 요단 계곡을 한눈에 볼수 있는 전략적 요충지로 하솔 왕 게셀은 메롬 물가에서 여호수아 군대에게 패하였다. 사사 시대에는 여사사 드보라가 이끄는 바락 장군의 군대가 이곳 하솔의 군대를 전멸시킨 후 완전히 정복하였고, 솔로몬왕 때는 갈릴리 북방 요새로 강화되었는데 당시의 마굿간터를 보면 그 규모를 알 수 있다. 그후 앗수르 왕 디글랏빌레셋에 의해 파괴되었다.

하솔은 1928년부터 시작된 발굴 작업으로 BC 2600년경의 주거지와 성곽이 드러났다. 아랫성과 윗성으로 되어 있는 하솔의 발굴물들 중 일부는 옆에 있는 키부츠에 전시되어 있다.

○ **겨자꽃이 만발한 단 지역**

이스르엘 평야 지역(벧산, 하롯샘, 나인)

○ 이스르엘 평야는 갈멜산에서 요단강까지의 골짜기로 되어 있는 이스라엘의 5%가 되는 지역이지만 이스라엘의 최대 곡창지대이다. 뿐만 아니라 지리적으로도 지중해변의 샤론 평야에서 오는 적들을 막아주는 전술상 요충지에 있으며, 해변길의 중요한 지로에 있었기 때문에 역사적으로 보면 이 곳은 항상 전쟁터가 되었다.

벧산

중심 거리에서 본 텔 벧산

벧산은 요단강 서쪽 5km, 갈릴리 호수 남쪽 25km 지점에 있는 이스르엘 계곡 동쪽의 알룻강 안에 있는 요새 성읍으로 오늘날 텔 엘 후슨(Tell el Fusun)이라 불린다. 이 곳은 애굽에서 북상하는 고대의 여행자들에게는 이스르엘 계곡을 지나 수리아, 다메섹으로 가는 교통의 요충지대이며 요단 입구에 대한 강력한 방어지였다. 벧산은 여호수아때 므낫세 지파의 지역으로 할당되었으나 철병거를 가진(수 17:16) 이곳 거민들은 쫓아내지 못했다(삿 1:7). 사울왕의 시체는 이곳 벧산 성벽에 못박혔다(삼상 31:10-12).

하롯샘

기드온이 300명 군사를 선택한 하롯샘

하롯샘은 길보아산 서북쪽 밑에 있는 간헐천 샘으로 아인 야룩(Ain Jalud)과 동일시된다. 자연의 바위틈에서 솟아나는 이 샘물의 일부분은 인공적으로 만든 직경 20m의 유수지(溜水池)를 이루며 나흐르 야룩과 합류한 후 요단강으로 흘러 들어간다. 팔레스틴에서 가장 수량이 많고 아름다운 샘 중의 하나이다. 기드온은 미디안 군대와의 싸움을 앞두고 이곳에서 물을 마시는 태도를 보고 정예 군사 300명을 선택하여(삿 7:1) 미디안 군대를 물리쳤다.

나인(네인)

나인성은 나사렛 동남쪽 9.6km, 다볼산 남쪽 3km 남짓한 곳에 위치한 성읍으로 예수께서 과부의 외아들을 살린 곳이다(눅 7:11-17). 나인은 이름의 뜻(아름다움)과 같이 평온하고 아름다운 성읍이다.

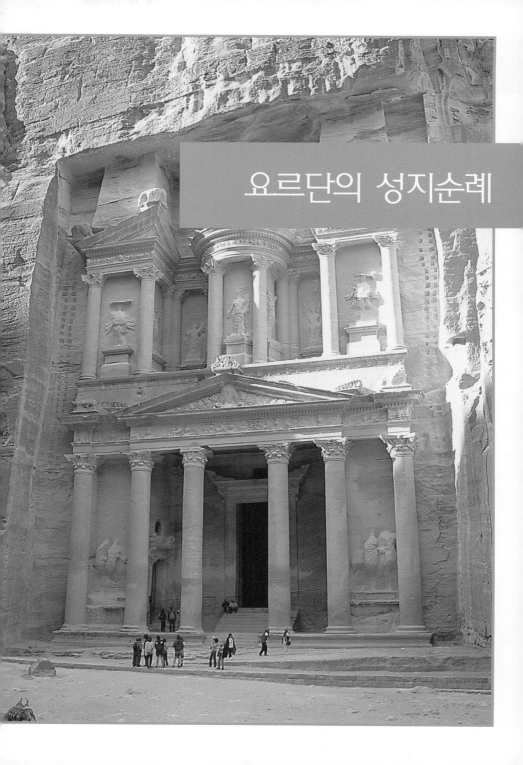

요르단의 성지순례

요르단의 성지순례

1.국가개요

요르단은 아라비아 반도의 북서부, 지중해의 동남쪽에 위치해 있다. 동쪽으로는 인류 문명의 발생지인 유프라테스와 티그리스강 유역의 메소포타미아와 인접해 있고, 서쪽으로는 나일강의 이집트 문명의 주요 통로에 있다. 크기는 우리 나라 남한 크기이며, 인구는 2014년 기준 790만명 정도이나 난민이 1/4 정도 차지한다.

구약 시대에 이스라엘은 여호수아의 영도 밑에서 이 지역을 정복하고 르우벤, 갓 지파와 므낫세 반지파에게 분배되었다. 나바테안 시대, 로마 시대를 거쳐 7세기 이후 이 곳은 이슬람화되었다. 1927년 영국의 위임통치 하에서 트랜스요르단(요단고원) 수장국이 되었고 이 과정에서 팔레스틴의 땅 이름이 요르단강 서안지역으로 한정되었다. 세계 제2차대전 후인 1946년 영국의 위임통치 폐기로 정식으로 독립국가가 되었다. 뒤이어 1949년 팔레스틴과 합병한 후, 정식 국명을 요르단 하세미트 왕국으로 변경하여 독립국가가 되었다.

현재의 요르단 왕국은 구약 시대의 에돔(사해 남부), 모압(사해 동부), 암몬(요단강 동편) 지역을 포함하고 있다. 아랍 국가들 중 가장 수준이 높다고 자부하는 요르단은 교육수준과 물가는 아랍 국가들 중에 높은 편이다. 국가의 최고 행정권은 국왕이 갖고 있으며 국무총리를 통해 행사한다. 남북한과 동시 수교국이며 한국과는 1962년 국교를 맺었고, 치안은 중동국가 중에서 가장 안정적이다. 그리고 이슬람 국가이나 기독교에 대해서는 어느 이슬람 국가보다 우호적이다.

기후는 이스라엘과 같이 건기와 우기의 뚜렷한 두 계절을 갖고 있다. 건기인 여름은 건조하고 더우며, 우기인 겨울은 북쪽에서 가끔식 눈이 내릴 정도로 춥다. 중앙 지역에 위치한 수도인 암만의 평균 기온이 1-2월은 섭씨 8-9도, 한여름인 7-8월에는 23-25도 정도이다.

민족은 아랍인이 대부분이며 팔레스타인과 베두인족이 있다. 언어는 아랍어(Arabic)와 영어의 통용이 가능하다.

2.여행일반

요르단의 표준시는 이스라엘과 마찬가지로 한국보다 7시간 늦으며 썸머타임이 실시된다.

화폐단위는 디나르를 사용하며 경제는 더디지만 지속적으로 성장하고 있다. 특히 요즈음은 관광객 유치를 위해 정부적인 차원에서 적극 홍보에 나서고 있다.

종교는 약 790만 인구 중 수니파 이슬람이 80% 이상 차지하고 있다. 다른 아랍 국가와 마찬가지로 회교(이슬람)을 국교로 삼고 있다. 따라서 회교도들은 매일 5차례씩 회교 사원에서 정시에 실시하는 방송에 따라 기도한다. 그러나 이란이나 사우디아라비아 등보다는 진보적인 편이다.

한국과는 이스라엘과 마찬가지로 비자 면제협정이 체결되어 있다. 요르단으로 들어가는 국경은 항공편으로는 이집트 카이로에서 암만으로 들어가며, 2003년도 새로 개설된 카타르 항공을 통해 카타르 도하에서 암만으로 들어갈 수도 있으며, 아랍에미레이트 항공을 통해서도 입국할 수 있다. 배편으로는 이집트의 시나이 반도 동쪽에 있는 누에바에서 입국할 수 있다. 육지로는 이스라엘 남쪽 항구인 엘랏과 여리고 앞의 알렌비, 그리고 벧산으로 들어갈 수 있으나 알렌비를 통과할 때는 미리 비자를 받아야 한다.

페트라(성경의 셀라)

◐ 바위 지역의 나바테안 무덤 혹은 신전

페트라(Petra, 성경의 셀라:Sela)는 사해 동남쪽 8km 지점의 작은 분지에 있는 나바테아 왕국의 수도이다. 이 곳은 와디 무사를 따라내려가 높은 절벽들로 이루어진 대협곡을 통과하면 도달하게 된다. 이 골짜기는 길이가 1.6km 가량되어 성읍을 위한 훌륭한 방어선의 역할을 했다. 셀라라는 이름은 고대의 정착지와 관련이 있었던 것 같으며 지금은 페트라(Petra)라고 부르고 이전 이름은 성경에 나오는 셀라였다(삿 1:36, 왕하 14:7). 그러나 최근에는 셀라로 주장되는 또다른 곳이 있다. 페트라는 바위를 뜻한다. 이 지역을 둘러싸고 있는 바위가 많은 산들은 붉은색이 아름답게 얼룩져 있는 사암으로 이루어져 있다. 깎아지른 듯한 절벽들은 자연석을 파서 만든 묘와 그에 딸린 장식물로 뒤덮여 있다. 이것들이 만들어진 시기는 주로 나바테아 시대인 BC 4세기경부터이다. 로마령으로 합방된 후(105년) 로마인들이 많은 건설을 했는데 그 흔적으로 돌로 된 포장도로, 공중목욕탕, 야외극장 등의 폐허가 근래에 많이 발굴되고 있다.

◐ 나바테안 복장과 관광객을 위한 악사

◐ 모래로 각양 모양을 만드는 사람

◐ 바위를 깎아 만든 로마때의 야외극장

◐ 모세가 물을 냈다고 전하는 므리바의 물

와디 럼(Wadi Rum)

사막 한 복판에 서있는 사암으로 된 갖가지 모양의 바위로 된 만물상이 있다. 또, 아랍과 오스만터키 전쟁때 영국의 로렌스 장군이 아랍군을 이끌고 활약을 했던 곳이기도 하다. 순례시 광야 체험을 위해 이 곳에서 베두인들이 운영하는 천막촌에서 하루를 지내는 것도 좋은 경험이 된다.

소알 산성

◐ 롯이 피한 동굴이 있는 소알 산성

소돔과 고모라성이 멸망당한 후 롯이 두 딸과 함께 잠시 거주했던 소알 산성이다(창 19:20 이하). 이 곳에는 4-5명이 들어갈 수 있는 작은 동굴과 그 옆에 비잔틴때 교회터가 있다.

롯이 딸과 함께 피한 동굴

길하레셋(케락)

모압족의 수도였던 길하레셋 성채

길하레셋은 아르논 골짜기 남쪽 28.4km, 사해 동쪽 17.6km 지점에 있는 고대 모압의 수도로 오늘날 케락이다. 해발 933m 고원에 위치한 이 곳은 주변의 언덕과 깊은 계곡들로 인해 천연의 요새를 이루고 있다. 이 곳은 이사야의 신탁에서 두번 언급되었으며(사 16:7, 11), 예레미야서에도 두번 나온다(렘 48:31,36). 사 15:1에 나오는 길(Kir)도 길하레셋으로 본다. 이 성은 모압 왕이 성이 함락될 위기에 처했을 때 아들을 자기가 섬기는 신에게 제물로 드린 곳이다.

북이스라엘의 여호람왕은 공물을 거절하고 배반한 이 곳을 남유다의 여호사밧왕과 연합하여 공격했으나 함락 직전 본국의 사정으로 포위를 풀고 귀국했다(왕하 3장). 이 성읍의 바로 밑에는 수로로 추정되는 180m 정도의 터널이 있다. 1924년 발굴을 통해 모압인과 로마 때부터 중세 아랍 시대의 도기들이 발견되었다.

◐ 페트라와 함께 성경의 셀라로 주장되는 또다른 곳인 오늘날 에스 실(es-Sil)

아르논 골짜기(강)

암몬과 모압과의 경계였던 아르논강

아르논 골짜기 혹은 강은 성서 시대 암몬과 모압의 경계를 이루었다. 사해로 갈수록 지형이 협곡으로 이루어진 이 골짜기는 왕의 대로 상에 있다.

마케루스 요새

세례자 요한이 죽은 마케루스 요새

마케루스는 이스라엘 지역에 있는 헤로디움과 마사다와 함께 헤롯이 건설한 요새로 세례자 요한은 이 곳에서 헤롯에 의해 순교당했다(마 14:1-12). 그가 갇혔던 감옥이 요새 중턱 동굴에 있다.

마케루스 정상에 있는 헤롯 궁전터

느보산

모세가 죽은 느보산 원경

느보산은 비스가산이라고도 하는데 여리고 맞은편 요단강 하구 동쪽 약 20km 떨어진 아바림 산맥에 있는 산이다. 모압평야 동쪽에서 볼 때 하나의 돌출부만 보이나 서쪽에서 보면 큰 산으로 보인다. 멀리 보이는 느보산이 연봉이고 오른쪽에 사해가 반짝인다. 일부 학자들은 비스가는 아바림 산맥에 있는 한 봉우리이고, 느보산은 그중에 가장 높은 봉우리로 해석하고 있다.

이 산은 발락이 발람을 소빔(Zophim)들로 인도하여 이 산 꼭대기에 이른 곳이며(민 23:14), 모세가 하나님의 명령에 따라 가나안 땅을 바라보라고 지시받은 산이며(신 3:27), 또 죽은 곳이다(신 32:49). 현재 이 산 꼭대기에는 모세 기념교회가 세워져 있고, 교회 밖에는 이스라엘의 광야 여정 중에 있었던 놋뱀 사건을 기억케 하는 놋뱀이 세워져 있다.

모세의 놋뱀

느보산의 모세기념교회

메드바(메다바)

메드바교회 앞의 메드바 시내

메드바는 느보산 남쪽 사해로 흘러 들어가는 요단 강 입구의 남동쪽으로 약 24km 지점에 있다. 요르단 고원에 있는 이 곳은 출애굽한 이스라엘에게 점령 당하기 전에 아모리 왕 시혼에게 정령당한 모압의 성읍이었다. 그러나 이스라엘에게 점령당한 후(민 21:30) 르우벤 지파에게 할당되었다(수 13:9). 다윗때에는 암몬인 손에 있었던 것으로 생각된다(대상 19:7). 모압 비석에 의하면 북이스라엘의 오므리 왕은 메드바를 다시 찾았다고 기록되어 있으며, 그 아들 대까지 40여년간 이 곳에서 거했다. 그러나 메사에 의해 이 곳은 다시 정복당했다.

메드바교회(좌)와 메드바교회 바닥에 있는 모자이크 지도(우)

헤스본

시혼왕의 도성 헤스본 전경

헤스본 교회터

헤스본은 요단강 하류, 사해 최북단에서 동쪽으로 약 25km되는 곳에 있다. 이 곳은 와디 헤스반의 남쪽에 위치해 있는 오늘날의 헤스반(Hesban)이다. 민 21:26에 보면 '헤스본은 아모리인의 왕 시혼의 도성이라'고 하는 기록이 있으며, 모세는 이 성을 취하여 르우벤 지파에게 주어 북방 갓 지파와의 경계의 요해지를 삼았다(민 32:37). 모압과 이스라엘 사람들은 헤스본 주변 지역을 놓고 잦은 싸움을 했는데 모압의 에글론 왕이 차지했다가(삿 3:12), 사사들의 노력으로 이스라엘이 다시 점령했다(삼상 12:9, 11). 이 지역은 아합이 죽은 이후까지도 이스라엘의 영토였다가(BC 853년) 모압의 메사가 대원정을 통해 다시 점령했다. 이 때부터 이 지역은 모압의 땅이 되었으며, 모압에 대한 신탁에서 한번 이상 언급되고 있다(사 15:4, 렘 48:2, 33~34). 헤스본은 BC 600년경 암몬인들에게 멸망당한 것 같다(렘 49:3, 삿 11:29).

랍바(암만)성

○ 우리아 장군이 죽은 랍바(암만) 성벽

랍바(Rabbah)는 오늘날 요르단 수도인 암만으로 요단강에서 동쪽으로 약 35km 지점의 요르단 고원 지대에 있다. 랍바는 왕성과 물들의 성(삼하 12:26-27)으로 불리며 완전한 이름은 암몬 족속의 랍바(신 3:11, 삼하 12:26)이고, 랍바는 그 단축형이다(삼하 11:11, 렘 49:3, 렘 49:3). 이 도시의 이름은 헬레니즘 시대에 톨레미 필라델푸스(BC 285-246)에 의해 재건된 후에 필라델비아(Philadelphia)로 불리게 되었으며, 후에는 이 명칭이 사라지고 암만이라 불리워 오늘에 이르고 있다.

BC 21세기 초부터 사람이 거주하기 시작한 랍바는 다윗때 요압에 의해 함락되었으며(삼하 12:28), 우리아는 다윗에 의해 이곳 성을 공격하다가 죽임을 당했다. 그러나 솔로몬이 죽은 후에는 독립을 쟁취하여 트랜스 요르단 지역의 북이스라엘을 압박했다(렘 49:1-3). 선지자들은 암몬 인들에게 분개하여 랍바의 파멸을 예언했다(겔 21:20, 암 1:14). 이후 랍바는 이스라엘 멸망 후에 앗수르의 지배를 받았고 계속해서 바벨론과 페르시아의 지배를 받았다.

현재 랍바(암만)에는 중세와 비잔틴 시대, 로마, 헬라 도시들의 유물들이 있다. 암만 공항 근처에서는 후기 청동기 시대의 성소가 발굴되어 무기, 인장, 갑충석, 보석과 도기들이 출토되었으며, 고대도시 성곽에서는 로마 시대의 유적이 가장 많이 나왔다. 특히 두개의 성소 페허와 집단 제사의 흔적이 남아 있다. 또한 비잔틴 시대의 교회터가 있고 알현실이 원형 그대로 남아 있다.

○ 헤라클레스 신전   ○ 비잔틴때(6세기) 교회터   ○ 박물관에 있는 발람 문서

얍복강 중류

○ 야곱이 건넌 브니엘 근처의 얍복강 중류

얍복강은 요단 동편 북쪽의 야르묵강과 남쪽의 아르논강 중간에 있는 중요한 지류 중의 하나이다. 이 강은 랍바 암몬 근처에서 발원하여 길이가 80km나 되는데 경사률이 높아 물살이 세고 흐름에 변동이 없으며 가파른 둑이 천연의 경계선을 이루고 있다. 특히 이 강은 길르앗을 양분하고 있는데 남쪽을 길르앗 절반이라 부르고, 북쪽 부분을 길르앗의 남은 땅이라 부른다. 야곱은 이 강가에서 하나님 (어떤 사람)과 겨루어 이긴 후 새이름을 받고 이 곳을 브니엘이라 했다(창 32:22-32).

숙곳

숙곳은 요단강 동편, 압복강 북쪽 약 3.2km 지점에 소재한 성읍이다(수 13:27). 동쪽에는 언덕이 있고, 서쪽에는 요단강에 이르는 오솔길이 나있다. 이 언덕은 와디 라엡(Rajeb)과 제르카강 사이에 있는 고르아브 오베이테(Chor Abu Obeideh)로 알려진 매우 비옥한 지역 위에 솟아 있으며, 이 지역이 바로 시편에서 언급되어 있는 숙곳 골짜기이다. 숙곳은 천막, 오두막 또는 작은 양우리라는 뜻이 있다. 이 성읍의 이름은 야곱이 하란에서 귀향하던 중 자기 집과 우릿간을 만든 일로 인해 붙여졌다(창 33:17). 또한 이 성읍은 헤스본 왕 시혼의 영토 일부로서 갓 지파에게 주어졌다(수 13:27). 이곳 주민들은 기드온 병사들에게 음식 제공을 거절함으로 기드온에게 잔인한 형벌을 당하였다(삿 8:5-9, 14-16).

제라쉬(거라사)

성경의 거라사 지역 중 한 곳인 제라쉬

거라사는 성경에서 '거라사인의 땅'으로 언급되는데 이 곳은 하나의 넓은 지역으로 이해하는 것이 타당하다. 따라서 예수께서 군대귀신들린 거라사(쿠르시)와 오늘날 제라쉬로 불리는 거라사는 거라사인 지역의 각각 다른 위치에 있는 성이다.

그중에 요르단의 북부에 있는 고대 제라쉬는 요단강 동쪽 약 32km 지점, 암만 북쪽 약 41.6km 지점의 해발 600m에 위치해 있다. 이 거라사는 아랍 시대 이후에 제라시로 바뀌었다. 헬라어로 거라사라 불려지는 제라쉬는 길르앗 지방의 헬라 도시였다. BC 332년쯤에 알렉산더 대왕에 의해 세워진 이 도시는 이후 로마에 점령당하여 로마의 속주 중 10대 도시(데카폴리스)의 하나로 중요한 역할을 담당하였다.

◑ **주랑이 있는 막시무스 길** 제라쉬

그릿시내

말라버린 그릿시내

뒤쪽 중앙에 보이는 산 언덕 부분이 엘리사의 고향인 아벨므홀라이다. 그릿시내는 요단강 동편 길르앗 지역의 동쪽 고원지대에서부터 벧산 맞은편의 요단강으로 흘러드는 오늘날의 와디 야비스(Wadi Yabis)을 가리킨다. 그러나 중세 시대에는 그릿시내를 여리고 부근의 와디 켈트로 생각하기도 했다.

이 시내 근처에는 엘리야의 고향인 디셉과 그 옆에 있는 엘리사의 고향인 아벨므홀라가 있다. 이 시내는 북이스라엘의 아합왕 때 우상숭배에 대한 하나님의 징벌로 3년반 동안 비가 없어 가뭄이 들 때 선지자 엘리야가 몸을 숨겼던 곳이다(왕상 17:2-7).

가다라(움케이스)

가다라(움 케이스)의 야외극장

가다라는 성경에서 성읍으로 나타나 있지 않으나 지역으로는 언급되고 있다(마 8:28). 그리고 이 곳은 막 5:1, 눅 8:26 등에서는 거라사인의 지방으로 언급되었다. 오늘날의 가다라는 갈릴리 바다 동남쪽에 있는 요르단의 야르묵강(계곡) 온천지대인 엘 훔메 남쪽 4.5km 떨어진 고지대에 있는 움 케이스에 폐허로 남아 있다. 이 곳에는 원형극장과 바실리카 회당 등이 아직도 상당 부분 남아 있다.

성경에서 거라사와 가다라는 중복된 명칭으로도 사용되며, 일반적으로 거라사는 가다라를 포함하는 좀더 광범위한 지역을 가리킨다고 볼 수 있다.

디셉과 아멜므홀라

✪ 엘리야의 고향 디셉

엘리야의 고향 디셉(왕하 1:3)은 요단 동편 그릿시내(와디 엘 야비스)의 한 지류로 여겨지는 와디 엘 마스쿠프 근처 언덕 꼭대기인 리스팁(Listib)과 와디 엘 야비스 지역 두 곳이 주장되나 후자가 더 유력하다. 이 곳에서는 엘리야와 관련된 모자이크가 발견되었다.

✪ 엘리사의 고향 아멜므홀라 근교에서 밭가는 농부

정확한 위치는 알려지지 않았지만 요단강 서편 벧산 남쪽 16km 지점의 한 유적지로 여겨지는 곳과 요단강 동편의 현재 요르단 지역으로 성경에 그릿시냇가로 여겨지는 근처이다. 아벨므홀라는 엘리사의 고향으로 엘리야가 엘리사를 후계자로 삼은 곳이다.

이집트의 성지순례

이집트의 성지

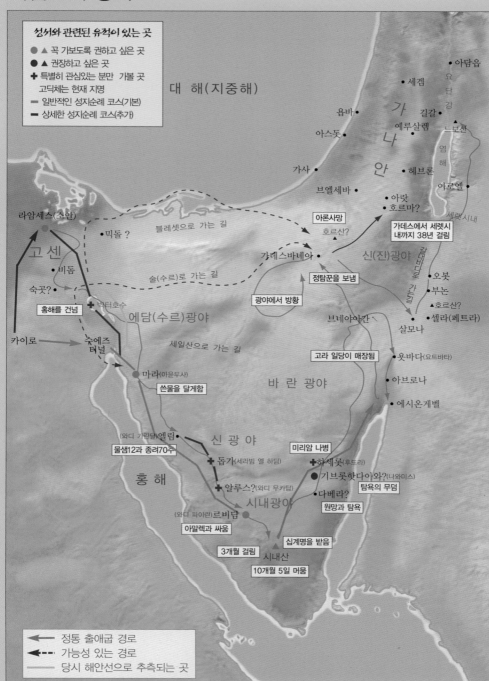

성서와 관련된 유적이 있는 곳
- ● ▲ 꼭 가보도록 권하고 싶은 곳
- ● ▲ 권장하고 싶은 곳
- ✚ 특별히 관심있는 분만 가볼 곳
- 고딕체는 현재 지명
- ━ 일반적인 성지순례 코스(기본)
- ━ 상세한 성지순례 코스(추가)

대 해(지중해)

아담읍
세겜
욥바•
길갈
•에루살렘
아스돗•
느보산
가
가사•
나
•헤브론
안
브엘세바•
아로엘
•아랏
염
•호르마?
해
세렛시내
라암세스(조안)•
아론사망
•믹돌?
블레셋으로 가는 길
호르산?▲
가데스에서 세렛시
내까지 38년 걸림
고 센
•비돔
술(수르)로 가는 길
가데스바네아
신(진)광야
•숙곳?
정탐꾼을 보냄
•오봇
홍해를 건넘
빅터호수
•부논
에담(수르)광야
광야에서 방황
•호르산?
•셀라(페트라)
카이로
수에즈
터널
브베야아간
살모나
세일산으로 가는 길
•마라(아윤무사)
고라 일당이 매장됨
•욧바다(요트비타)
쓴물을 달게함
바 란 광 야
•아브로나
신 광 야
•에시온게벨
(와디 가란달)엘림•
물샘12과 종려70주
돕가(세라빔 엘 하딤)
미리암 나병
✚하세롯(후드라)
홍 해
알루스?(와디 무카탑)
●기브롯핫다아와?(니와미스)
•다베라?
탐욕의 무덤
(와디 피이란)르비딤
원망과 탐욕
시내광야
아말렉과 싸움
3개월 걸림
십계명을 받음
시내산
10개월 5일 머뭄

━ 정통 출애굽 경로
◄--- 가능성 있는 경로
━ 당시 해안선으로 추측되는 곳

이집트의 성지순례

1.국가개요

　이집트는 아프리카 북동부를 차지하고 있는 나라로 국토는 나일강변, 나일 삼각주, 사막, 시나이 반도의 네개 지역으로 구성되어 있다. 이중 97%는 사막으로 되어 있고 인구의 대부분은 나일 삼각주와 나일강변에 밀집되어 살고 있다.

　인구는 2014년 기준 약 8천 3백만명이 넘었으나 정확한 통계는 아니다. 통용어는 아랍어이고 영어와 프랑스어는 부분적으로 사용되고 있다. 종교는 이슬람교 수니파가 국교이며 그외 기독교(콥틱교)와 유대교도 소수 있다. 관광은 국가의 가장 관심있는 사업으로 관광객에 대한 보호는 극진하다.

　기후는 전반적으로 건조한 아열대성 기후와 사막 기후를 가지고 있다. 1년을 두 계절로 나누는데 4-10월은 여름에 해당되고, 11-3월은 겨울에 해당된다. 여름은 카이로가 섭씨 38-43도, 남서부 지역은 49도나 되나 지중해 연안은 22-32도의 비교적 온화한 기후를 보인다. 겨울에는 전국적으로 섭씨 12-18도의 온화한 기후를 보인다.

　이집트는 메소포타미아 문명 다음으로 오랜 역사를 가지고 있다. 그중 BC 3000년경의 통일왕국으로부터 BC 332년 알렉산더 대왕의 이집트 정복 시대까지를 왕조 시대라 부른다. 이 왕조 시대는 고왕국, 중왕국, 신왕국 3시대로 구분된다. 고왕국 시대에는 파라오(바로)에 의한 중앙집권국가가 완성되었고, 중왕국 시대에는 대외 무역이 활발하여 세력 범위가 누비아와 시리아까지 이르렀으며, 신왕국 시대에는 투트모세 3세에 의해 아시아까지 통합하였다. 그러나 그후에는 국력에 쇠퇴하여 BC 7세기에 앗시리아에게 정복된 후 페르시아, 마케도니아 등의 지배를 받게 되었다. 알렉산더 사후에는 프톨레미우스(톨레미) 왕조가 열렸다. BC 30년에는 로마령이 되었고, 7세기 이후에는 아랍인의 침입으로 이슬람화가 진행되었다. 16세기 초기에는 터키령이 되었다가, 18세기말부터 유럽 열강들의 침입으로 19세기말에는 영국령이 되었다. 1951년 공화국이 성립되어 시리아와 합병한 후 이를 다시 해체하였고, 현재는 아랍 세계의 대국으로서 근대화를 서두르고 있다.

2.여행일반

(1)시차

이집트는 이스라엘과 그리스와 마찬가지로 한국보다 7시간 늦다. 즉 한국이 오전 10시이면 카이로는 오전 3시가 된다.

(2)출입국

한국과 이집트간에는 비자 면제협정이 체결되어 있기 때문에 비자 없이 3개월 동안 체류할 수 있으며 추가 체류를 원하면 현지에서 신청하면 특별한 경우를 제외하고는 추가 체류가 허락된다.

(3)통화 및 환전

이집트 통화단위는 이집트 파운드이며 은행 외에 호텔에서 환전할 수 있다. 비교적 물가가 싼편이다.

(4)통신

전화는 국제전화 이용시 카이로에서 한국으로 직접 통화하려면 이스라엘에서와 마찬가지로 00을 누른 후 한국 국가번호인 82를 누르고 지역번호중 0을 제외한 번호를 누른 다음 해당 번호를 누르면 된다. 한국 수신자 부담으로 거는 경우에는 서비스 번호로 다이얼을 돌리면 한국 교환원이 한국의 수신자 번호로 연결시켜 준다. 그러나 아직까지 국제 전화는 사용이 불편하여 특급 호텔에서나 이용이 용이하다. 한국통신 직통전화의 접속번호는 365-5082이다. 우편은 항공편으로 1-2주 정도 소요된다.

(5)교통

카이로 국제공항에서 시내까지는 합동버스 이용할 경우에는 정해진 요금(약 10파운드)을 내면되지만 택시를 이용할 경우에는 시내까지 1시간 정도 소요되기 때문에 타기 전에 운전기사와 미리 합의하는 것이 분쟁을 방지할 수 있다.

수도인 카이로에서는 교통이 혼잡하고 신호등이나 차선이 대부분 없으며, 자동차도 빠르게 달린다. 따라서 특히 개인적으로 길을 건널 때에는 아주 조심해야 하며 될수있는대로 현지인과 함께 건너는 것이 좋다.

(6)여행시 주의사항과 기타
● 주한 카이로 한국 대사관 전화번호는 3611234이다.
● 이집트는 아랍 국가로 회교(이슬람) 교도들은 돼지고기를 먹지 않는다. 또한 한국인에 대해서는 호의적이지만 내국인에 대한 기독교 포교활동을 엄하게 금지하고 있기 때문에 주의해야 한다.
● 이집트의 특산물로는 낙타 가죽으로 만든 제품, 은세공, 파피루스로 만든 성화 등이다. 물품의 가격은 싼편이지만 높은 가격을 부르기 때문에 흥정이 중요하다.

이집트 고고학 박물관, 카이로

⊙ **투탕카멘의 황금 마스크** 이집트 박물관

이집트 카이로에 있는 국립 고고학 박물관은 1902년에 개관했다. 현재 12만점의 유물이 보관되어 있다. 그중에 애굽 제18-20왕조까지의 왕과 왕후들의 미이라와 고왕국대로부터 중왕국과 신왕국에 이르기까지 시대별로 발굴해 놓은 석관과 특히 2층에 있는 투탕카멘의 전시실은 하이라이트이다. 황금 마스크는 투탕카멘 전시실에 있다.

⊙ **메르넵타 석비에 새겨진 이스라엘 글씨**

이 박물관에는 이스라엘 글씨가 새겨진 메르넵타 전승기념석비, 모세의 양모로 알려진 핫셉슈트 여왕의 두상 석상, 송아지상, 갈대상자 등 성경과 관련된 유물들이 있다.

⊙ **모세를 담았던 것과 같은 갈대상자**

이집트 민속촌, 카이로

⊙ **모세를 건진 바로의 공주 모습을 재현**

카이로 시내를 관통하여 흐르는 나일강에 있는 이집트 민속촌은 이스라엘의 애굽 노예시대와 벽돌쌓기, 타작하기, 짐승을 이용한 타작마당에서 곡식 떨기 등 성경 시대의 이집트와 관련된 생활상들을 이해하는 데 많은 도움을 준다. 4시간 정도 소요하면 성경과 관련된 것들을 어느 정도 볼 수 있고 충분히 보려면 하루는 잡아야 한다.

⊙ **고대의 곡식저장**

곡식을 창고에 저장하는 모습을 재현한 것으로 요셉 당시 곡식을 저장하는 모습을 알 수 있다.

⊙ **타작마당에서 곡식을 고르는 이집트인**

예수와 관련된 곳(카이로와 외곽 지역)

예수피난(아부사르가)교회(좌)와 교회 내부(우)

아브사르가교회(예수피난교회)는 구카이로의 한 지역에 순교자 사르기우스와 바쿠스를 기념하여 세워졌다. 이 교회는 이집트에서 가장 오래된 교회 중의 하나이다. 애굽으로 피난 온 예수의 성가족이 잠시 머물렀다는 동굴이 교회내 지하에 있다.

나일강에서 본 마리아 콥틱교회 원경　　　　**마리아 콥틱교회 근경** 카이로 나일강변

아기 예수와 요셉 일가가 파피루스 배를 타고 남쪽으로 피난 길에 올랐다고 하는 자리에 세워진 교회로 이 곳은 바로의 공주가 모세를 나일강가에서 건진 곳이기도 하다. 세 지붕은 요셉과 마리아와 아기 예수를 상징한다.

콥틱전승에 애굽피난시 마리아가 젖을 먹였다는 돌무화과나무 그늘 온(On) 지역　　**콥틱전승에 의한 예수피난 지도** 파피루스에 그린 것이다.

동굴교회(좌)와 교회밖 바위에 물을 포도주로 만드는 첫 번째 기적 모습의 부조(우)

동굴교회는 카이로 외곽 모카탑 지역의 빈민촌에 자리잡고 있다. 이전에 이집트의 기독교인인 콥틱교인이 핍박을 피해 이곳 동굴을 파고 교회를 세웠다. 처음 교회는 높이가 1m 정도밖에 안 되었으나 교인의 증가로 1994년 11월에는 더 증축하여 계단식 좌석을 만들었다. 지금은 매 주일마다 수천명 이상이 예배를 드리고 있다. 성 시몬의 유해가 안치되어 있는 이 교회에는 예수의 피난과 기적에 관한 것들이 바위에 부조되어 있다.

모세기념회당(벤에즈라회당) 구(old)카이로

모세가 출애굽때 기도를 했다고 전해지는 곳으로 예레미야의 가묘가 있다. 예수피난교회(아부사르가교회) 옆에 있다.

놉(멤피스)

◉ **카이로 남쪽에 위치한 성경의 놉**

기자의 스핑크스와 피라미드

기자에는 고왕국 제4왕조대의 쿠푸왕과 그 아들 프레왕, 손자 멘카우레왕의 피라미드 3개가 놓여 있다. 평균 무게가 2-2.5톤이나 되는 돌 230만개가 소요된 이 피라미드는 이집트의 피라미드 80여개 중에 가장 큰 것이다. 앞에 있는 스핑크스는 무덤(피라미드)을 지키는 수호신을 의미하는데 그 자리에 있는 화강암을 높이 20m, 길이 72m로 깎아 만든 것이다.

놉은 오늘날 카이로 남쪽 약 20.8km 지점에 있는 멤피스라고 불리는 고대 이집트 수도이다. 전설에 의하면 전설상 이집트를 통일한 초대왕이었던 메네스(Menes)가 건설했다고 전한다.

지중해안가의 알렉산드리아

○ 알렉산드리아의 망대 자리에 세워진 성채

알렉산드리아는 카이로 북쪽 220km 떨어진 애굽 북서부 고센지역에 있는 항구도시이다. 로마와 아테네와 함께 당대의 3대 도시로 오늘날도 인구가 300만명이 넘는 이집트에서 두 번째로 큰 도시이다. 성경에 알렉산드리아가 소개되기는 스데반과 변론한 사람 중에 알렉산드리아인이 있었다(행 6:9).

아볼로도 알렉산드리아 출신이다(행 18:24). 바울이 로마로 호송되기 위해 루기아 무라성(행 27:6)에서 갈아탄 배와 멜리데섬에서 출발할 때의 배는 알렉산드리아호였다(행 28:11).

알렉산더 대왕은 BC 332년에 애굽을 정복하고 거대한 항구도시를 만들고 자기 이름을 따서 알렉산드리아라고 명명하였다. 알렉산더 사후 그의 부하 톨레미(Ptolemy) 장군이 애굽 지역을 계속 집권하면서 톨레미 왕조가 이 곳을 수도로 삼았다. 당시 이 곳에는 50만권 이상의 파피루스 장서가 있는 세계 최대 규모의 도서관이 있었다. 또 세계 7대 불가사의의 하나인 알렉산드리아 등대가 건설되었는데(BC 280년대), 그 높이가 180m나 되었다. 그러나 찬란했던 알렉산드리아는 BC 30년에 클레오파트라의 죽음으로 막을 내렸고 로마 제국의 일부로서 장관의 통치를 받았다. 그리고 15세기 초에 걸친 두 번의 대지진으로 등대가 부서지고 지금은 그 자리에 요새 성채가 구축되어 있다. 이 곳에서는 70명의 학자들에 의해 히브리어로 된 구약성경을 헬라어로 번역(70인역)하였다.

알렉산드리아 박물관

알렉산드리아 독립광장

○ 알렉산드리아의 마가교회

마가 요한은 알렉산드리아에 처음으로 복음을 전한 사도이다. 전승에 의하면 그는 이 곳에서 순교한 뒤 유대인 지역에 매장되었다고 하며 그 자리에 마가교회가 세워졌다. 828년에 이탈리아의 베네치아 사람들은 마가의 유해를 베네치아로 가져가 그곳 성 마가성당에 안치했다.

라암셋(타니스, 소안)

◯ 출애굽 출발지 라암셋의 바로 석상

◯ 이스라엘이 400년 동안 살았던 고센지역

고센지역은 애굽의 나일강 하류 삼각주의 비옥한 지역 중 동북부 지역이다. 이 곳은 일찌기 야곱(이스라엘) 족속 79명이 가나안의 기근으로 인해 이주해와 400년 동안 거주한 곳이다. 그리고 모세에 의해 애굽에서 나올 때는 이 고센지역에 있는 라암셋에서 출발했다.

라암셋은 애굽의 나일강 하류 델타 동북부에 있던 삼각주의 중앙 부분에 있는 성읍으로 나일강의 타니데익 지류 동쪽에 있는 국고성이요, 요새 성읍이다. 이름은 '레(Re, 태양신)는 그를 낳았다'란 뜻이다. 바로는 요셉과 그 친족(이스라엘 백성)을 위해 애굽에서 제일 비옥하고 살기 좋은 땅인 이 곳을 정착지로 허락하였다. 고센은 그 넓은 지역이요, 라암셋은 그 지역 중 고정한 한 구역이다(창 47:6, 11). 후에 이 곳은 라암셋 2세에 의해 이스라엘 백성을 강제동원하여 동북 국경지방에 성읍을 건설하고 자기 이름을 붙혀 라암셋이라고 하였다(출 1:11). 그후 이 곳은 소안(민 13:22), 타니스라고 불렀다. 이 곳은 이스라엘 민족의 출애굽 출발점이었다(출 12:37). 현재 이 곳에는 라암셋 2세의 오벨리스크를 비롯하여 시삭(세숑크)과 오솔콘의 무덤이 있으며, 흙벽돌의 유적이 사방에 남아 있다.

비베셋

◯ 고양이 신을 섬겼던 비베셋 유적지

비베셋은 카이로 동북쪽 48km 지점, 나일강 삼각주 동부 자가지그 근처에 있는 텔 바스타(Tell bastwh)의 유적지와 동일한 곳으로 추정한다. 텔 바스타의 헬라어 명칭은 부바스티스(Bubastis)이다. 도시의 원래 이름은 파쉬트인데 여신 비스뎃과 관련되어 바스뎃의 집으로 알려졌다. 바스뎃 여신은 일반적으로 고양이와 암사자의 머리를 가진 여자로 묘사된 신성이 낮은 여신이었다. 이 곳은 이집트 제22대 왕조인 시삭(세숑크, BC 935-914년)의 수도로 가장 큰 번성기를 이루었는데 이집트 역사에서 중요한 자리를 차지하였다. 곧 제6, 12, 18, 19왕조의 업적도 볼 수 있다. 이 곳의 대표적 유적으로는 고양이 신을 섬겼던 신전터와 왕궁터가 있다. 예레미야는 이 곳을 향해 '아웬과 비베셋의 소년들은 칼에 엎드러질 것이며, 그 성읍 거민들은 포로가 될 것이라'(겔 30:17)고 예언했다.

근래에 발굴된 라암셋 2세의 부인의 석상 ◯

비돔

국고성 비돔의 유적

비돔은 애굽 동북부 나일강에서 팀사 호수에 이르는 골짜기 사이에 있는 성읍으로 이름의 뜻은 아톰(태양)의 집이다. 이 곳에서 발굴된 적색 화강암과 사암으로 세워진 신전은 라암셋 2세의 것임이 판명되었다. 이 곳은 이스라엘 민족이 고센 땅에서 강제노동에 의해 건축된 것으로 성경에는 국고성이라 부르는 창고의 성읍이다(출 1:11). 이는 주로 군대의 보급품인 곡식, 기름, 포도주, 무기 등을 비치해 두는 국가 관리의 창고들로 이런 창고가 많은 지역을 국고성이라고 불렀다.

숙곳

출애굽 후 첫 번째 장막을 친 숙곳

숙곳은 북부 이집트 제8주(州)의 수도로 나일 삼각주 동부 지역의 와디 투밀라트(Wadi Tumilat)에 있는 델 엘 마슈트(Tell el-Mashut)와 같은 곳으로 추정된다. 이름의 뜻은 '오두막집'이다. 이 곳은 이스라엘 백성들이 모세의 인도하에 라암셋에서 출애굽하여 처음 진을 친 곳이다(출 12:37). 이스라엘은 이 곳에서 동쪽으로 행진했는데, 광야의 끝이라고 할 수 있는 에담에 도착했다. 이 곳은 요단강 동편의 숙곳(수 13:27)과는 다른 곳이다.

수에네

나일강 상류에 있는 수에네

수에네(Syene)는 오늘날 애스원 마을로 불리는 곳으로 상이집트의 첫 번째 폭포 바로 북쪽의 나일강 동편 기슭에 위치하고 있다. 특별히 겔 29:10에서 이집트의 지경을 "믹돌에서 수에네까지"라고 언급한 것을 보면 수에네는 고대 이집트의 최남단에 위치했다.

엘레판틴

예레미야가 죽은 곳으로 전해진 엘레판틴

엘레판틴(엘레판티네) 섬은 아스완시 맞은편에 있는 2.4km의 작은 섬이다. 고대 이집트 맨남쪽인 나일강 제1여울목 바로 북쪽에 있는 상 이집트의 제1노모스의 수도였다. 예레미야는 남유다가 멸망할 때 이집트로 강제로 내려온 후 이 곳에 죽었다고 전해진다.

룩소(노아몬, 테베)

● 룩소의 카르낙 신전

● 성경에 노아몬으로 언급되는 룩소(테베)

노아몬(No Amon)은 이집트 나일강 남쪽에 있는 테베(Thebes)를 히브리어로 번역한 것이다. 이 외에도 노(No), 룩소, 카르낙 등의 다른 이름이 있다. 오늘날 룩소는 이집트의 수도인 카이로에서 직선거리로 남쪽 약 530km 지점의 나일강변에 있다.

고대 이집트의 제12왕조에서 바로들의 강력한 통치처로 등장하는 룩소에는 수많은 유적과 유물들이 있다. 그중에는 30m 높이의 멤논(아멘호텝 3세)의 거상과 신왕국 시대의 예술 양식을 엿볼 수 있는 세티 1세의 신전, 모세의 양모로 알려진 핫셉슈트 여왕의 장제전, 라암셋 2세가 아문신에게 바친 신전(람세움)과 룩소 신전, 여러 신전이 모여 있는 카르낙 신전, 죽은 바로들의 영생을 기다리던 장소인 왕들의 계곡 등이 있다. 나훔 선지자는 노아몬의 멸망을 예언했다(나 3:8).

● 룩소의 멤논의 거대한 석상

● 룩소의 왕들의 계곡 왕들의 무덤

● 룩소에 있는 핫셉슈트 제장전 핫셉슈트는 모세의 양모로 알려진 이집트 여왕이다.

나일강

◎ 카이로를 관통하는 나일강

나일(Nile, 출 2:5, 사 23:3, 슥 10:11)강은 중앙 아프리카 동부 고지에서 지중해 남부로 흐르는 약 6670km의 세계에서 두 번째로 긴 강이다. 중하류 지역은 비가 거의 오지 않지만 상류 지역은 많은 비가 내려 엄청난 양의 흙탕물이 하류로 흘러들기 때문에 하류의 삼각주에는 충적토가 쌓여 옥토를 형성하는데 그 범위는 236만㎢나 된다. 그래서 성경 시대에 있었던 극심한 가뭄에서도 이집트는 나일강으로 인해 기근을 모면할 수 있었다. 그렇기 때문에 이집트 국민들은 나일강을 신처럼 섬겨 왔으며 실제로 나일강을 이 강을 주관하는 신의 이름인 '히피'라고 불렀다. 그러나 지금은 아스완 댐 건설로 인해 나일강 범람이 없어 충적토가 쌓이지 못해 삼각주의 옥토 면적은 점차 줄어들고 있다.

나일강이 성경에 처음으로 언급된 것은 애굽 바로

◎ 나일강의 어부

왕의 꿈 내용에서이다(창 41:1-4).

홍해(출 10:19, 14:22)

◎ 파로스섬이 보이는 아카바만의 홍해

고대의 홍해(Red Sea, 출 10:19, 행 7:36)는 인도양과 페르시아만까지 포함되었으나 오늘날의 홍해는 아프리카와 아라비아를 분리시켜 내포로만 한정되었다. 오늘날 홍해는 길이가 2400km가 되며 아프리카와 아라비아 반도를 나누고 있다. 이중에 시나이 반도를 중간에 두고 약 208km인 시나이 반도

서쪽은 수에즈만이고, 다른 하나는 길이 약 144km인 시나이 반도 동쪽의 아카바만으로 되어 있다. 이스라엘이 건넌 홍해는 수에즈만 홍해이다.

◎ 이스라엘이 건넌 곳으로 주장되는 홍해 오늘날 빅터호

수르(에담)광야(출 15:22)

◐ 이스라엘이 3일 동안 물없이 걸어간 에담광야

에담광야(민 33:8)의 히브리어 이름은 수르광야 (Desert of Shur, 출 15:22)이다. 이 광야는 출애굽 한 이스라엘이 홍해를 건넌 후 처음 만난 광야로 엘림에서부터 시작되는 신(Sin)광야 북쪽에 위치한 다. 비교적 규모가 적고 평평한 광야로 전체적으로 물이 거의 없고 메마른 지역이다. 이 곳에는 이스라 엘 백성이 진을 친 에담이 있다. 이스라엘은 이 광야에서 3일 길을 행했으나 물을 얻지 못한 채 마라에 도착했다.

마라(출 15:23)

◐ 쓴물을 단물로 만든 마라

마라는 홍해(수에즈 해저 터널)에서 30km 지점에 소재하는데 오늘날 성경학자들은 옛날의 마라 지역 이 오늘의 아윤 무사(Ayun Musa)라고 추측하고 있 다. 이집트말로 아윤 무사는 '모세의 우물'이란 뜻 이다. 마라의 이름 뜻은 쓰다, 쓴맛, 슬픔 등을 나타 낸다. 이 곳은 출애굽한 이스라엘 백성들이 물이 써 먹지 못해 백성들이 원망을 하자 모세가 여호와께 기도드리고 계시를 받아 한 나뭇가지를 물에 던졌더니 물맛이 변하여 달게 되었다는 곳이다(출 15:23, 민 33:8). 이 기적 후 하나님은 "나는 너희를 치료하는 여호와"라고 말씀하셨다(출 15:26). 이 곳에는 모세의 우물로 불려지는 베두인 들의 우물이 있으며 모래 벌판에 수십 그루의 대추야자 나무들과 몇 그루의 에셀나무가 자라고 있다.

엘림(출 15:27)

◐ 종려 70주와 물샘 12개가 있는 엘림

엘림으로 추정되는 곳은 오늘날 와디 가란달(Wd. Gharandal)로 마라와는 가깝게 연결된 곳이다. 수 에즈에서 남쪽으로 90km 떨어진 이 곳에는 오늘날 에도 와디를 따라 많은 종려나무가 자라고 있으며 몇몇 가구가 살고 있는데 우물을 파서 식수로 사용 하고 있다. 엘림은 출애굽한 이스라엘 백성들이 홍 해를 건넌 후 진을 친 곳(출 15:27)으로 샘물 12곳과 종려나무 70그루가 있었다. 특히 만나가 처 음 내린 엘림으로 주장되는 이 곳 와디 가란달에는 오늘날 현지인들에 의해 마나(만나)라고 부르 는 나무가 자라고 있다. 이 나무는 깟씨(출 16:31)와 비슷해 성경의 만나를 연상케 한다.

신(Sin)광야(출 16:1)

◉ 꽃핀 신광야, 돕가와 힘마이르 사이

◉ 엘림과 시내산 사이의 신(Sin)광야 싯딤나무

신(Sin)광야로 불리는 광야는 이스라엘 백성이 출애굽한 후 한달만에 도착한 시나이(시내) 반도 서남단으로 시내 반도 내륙 제벨 에 디 기슭의 사막이든가 아니면 홍해 연안의 엘 마르가 사막으로 본다. 어쨌든 이 곳은 엘림과 시내산 사이의 지역, 좀 더 정확히 말하면 엘림과 르비딤 골짜기(혹은 시내산) 사이에 있는 광야이다(출 16:1). 그런데 70인역과 불가타역에서는 진(Zin)도 신(Sin)으로 표기하고 있다. 그러나 진광야(한글 개역성경에는 진과 신을 구별 없이 모두 신으로 표기했다.)는 네겝 남쪽에 있는 광야이다.

출애굽한 이스라엘 백성들은 이 광야에서 양식이 떨어지자 하나님이 이 곳에서 굶어 죽게한다고 심한 말로 원망하였고 하나님은 그들에게 하늘에서 만나를 내려 주셨다(출 16:17).

돕가(민 33:13)

◉ 돕가의 베두인 2006년

◉ 돕가(세라비트 엘 하딤)의 하토르 신전터

돕가(Dophkah, 민 33:13)는 시내산 북서 75km 지점인 오늘날 세라비트 엘 하딤(Serabit el Hatim)으로 전해진다. 지명은 '공작석'이란 뜻이 있다. 출애굽한 이스라엘 백성이 시내산으로 향하는 여정 중한 곳이다.

이 곳에는 이집트 제12왕조(BC 2000-1780년) 때부터 터키옥과 망간을 채굴했다. 그리고 광산 근처에는 출애굽 이전부터(BC 2000년) 이후까지 하토르(황소신) 신전이 있었는데 해마다 바로가 방문했다는 기록에 따르면 모세도 왕자의 신분으로 이 곳을 방문했을 것이다. 그리고 광산지역에는 아직까지도 글과 그림이 새겨진 많은 바위들이 남아 있다. 여기서 고고학자들에 의해 발굴된 전(前) 시내 비문(Proto Sinaitic Inscription, BC 1800년경)은 가장 오래된 알파벳으로 알려져 알파벳 발달사의 중요한

연구 자료로 쓰이고 있다. 이곳 주위의 바위들에는 바로의 배그림들이 새겨져 있어 바로가 본토에서부터 이 곳을 방문했음을 보여준다.

알루스(민 33:13-14)

◯ 이스라엘이 돕가를 떠나 진을 친 알루스

알루스는 이스라엘의 출애굽 여정을 언급하는 가운데 나온다. 신광야의 돕가를 떠난 다음 진을 친 곳이라는 언급이 성경이 주는 정보의 전부이다. 이에 근거하여 돕가를 오늘날 세라빗 엘 하팀(Serabit el Khadim)으로 하여 지리적으로 살펴보면 와디 엘 에시시(Wd. el Eshsh)가 가장 적절한 곳이다. 그러나 이는 단순히 사건의 내용에 따른 지리적인 고찰에 의한 것이고 그 어떤 고고학적인 증거는 없다. 이에 필자는 현지 답사를 통해 돕가에서 르비딤 사이에 있는 오늘날 와디 무카탑(Wd. Mukatab, Inscription Valley)을 알루스로 보고 있다.

르비딤 골짜기(출17:1-16)

◯ 알루스를 떠난 후 아말렉과 싸운 르비딤

르비딤은 신광야와 시내광야 사이에 있는 골짜기 및 한 지역이다(출 17:1, 9). 이 곳은 시내산 북서쪽 20km 지점인 제벨 세르발(Jebel Serbal)의 북쪽에 전개되는 비옥한 평원 와디 파이란(Wadi Feiran)으로 알려지고 있다. 르비딤은 평원이란 뜻이 있다. 이 골짜기의 이름이 파이란 오아시스인데, 홍해를 건너 시내산으로 가는 노정에 있는 가장 큰 오아시스 마을로 도로변을 따라 4km 정도에 걸쳐 대추야자 나무와 잡목들이 우거져 있다. 이스라엘 백성들은 이곳에서 아말렉과 싸워 이겼고, 므리바에서 물로 인해 원망하자 하나님은 바위를 터뜨려 물을 내어 마시게 했다.

르비딤 골짜기에 있는 파이란 수녀원(좌)과 모세가 기도했던 제벨 에타후네(우)

높이 220m에 있는 풍차의 언덕이라고 하는 곳이 곧 모세가 올라갔던 산꼭대기라고 전해진다. 이 곳에서 이스라엘이 아말렉군과 싸울 때 모세가 손을 들면 이스라엘이 이기고, 손을 내리면 원수 아말렉이 이기기 때문에 아론과 훌이 모세의 좌우편 손을 해가 지도록 들어 줌으로 승리를 거두었다(출 17:8-16).

시내산(출 19:1-2)

○ 시내산 정상의 모세기념교회

○ 시내산 중턱의 성 캐더린수도원

○ 모세가 십계명을 받은 시내산(제벨 무사)

시내산의 이름은 성경에서 몇 가지 이름으로 나오는데 시내산 외에 호렙산, 하나님의 산, 호렙에 있는 산, 하나님의 산 호렙 등이다. 특히 시내산과 호렙산의 명칭에 대해서는 몇 가지 다른 주장이 있다. 호렙은 산맥 이름이고 시내산은 그 산맥 정상의 이름이라는 것과, 시내산은 가장 높은 봉우리요 호렙산은 그것보다 낮은 다른 봉우리라는 것, 그리고 같은 산을 각각 다르게 부른다는 것 등이다.

시내산의 위치에 대해서도 사우디의 라오즈산과 제벨 무사, 세발산 등 여러 곳이 주장되고 있으나 대체로 시나이 반도 남단 중앙에 있는 제벨 무사(Jebel Musa)를 전통적인 견해로 보고 있다. 이 산 밑 해발 1528m 지점에는 330년경 성 캐더린의 시신이 안치되었다는 전설에 따라 성 캐더린수도원으로 불려진 수도원이 있다.

현재 산 정상에는 모세 기념교회가 세워져 있다. 모세는 이 산에서 40일을 금식하며 보낸 후에 십계명을 받았으며(출 20장), 이스라엘 백성들은 이 산 밑에서 금송아지 형상을 만들어 놓고 경배했다(출 32:1-10). 엘리야는 이세벨을 피해 이 곳에 왔을 때 하사엘에게 기름으로 부어 아람의 왕이 되게 하고, 예후에게도 기름을 부어 북이스라엘의 왕이 되도록 하였으며, 엘리사를 제자로 삼으라는 사명을 받았다(왕상 19:15-16).

제벨무사(시나이 반도 남쪽)와 함께 시내산으로 주장되는 르비딤 골짜기 서쪽의 세르발산

시내산의 위치에 대해서는 12곳 정도가 주장되고 있으나 대체로 시나이 반도 남단 중앙에 있는 제벨 무사(Jebel Musa, 모세의 산이란 뜻의 아랍어)와 사우디아라비아의 라오즈산, 시나이 반도 르비딤 골짜기(와디 파이란) 서쪽의 세르발산, 중앙의 후카(Hooqa) 등으로 압축된다. 최근에는 사우디아라비아의 라오즈산이 세인의 관심을 일으키고 있지만 아직까지는 시나이 반도 남쪽 중앙에 있는 제벨 무사가 가장 정통적인 위치이다. 이 산의 높이는 약간의 차이는 있으나 2285m 정도이다.

다베라

다베라로 추정되는 오늘날 타히라 지역

다베라는 이스라엘 백성들이 악한 말로 원망함으로 여호와의 불이 나와 진 끝을 불사른 곳이다(민 11:1-3). 다베라의 위치에 대해 아직까지 밝혀진 것은 없다. 다만 시내산을 떠나 북동진하던 이스라엘이 진을 친 곳이라는 성경의 정보만을 볼 때 오늘날 시내산과 기브롯 핫다아와 사이의 움 타히라(Umm Tahira)라는 이름의 유사성이 있어 필자는 이 곳을 다베라로 제안한다.

하세롯

하세롯의 원경(중앙 부분)

하세롯은 바란광야 못미쳐 있는 곳으로 시내산 동북 55km 지점에 있는 현재의 아인 하드라(Ain Khadra)로 추정한다. 이 곳은 출애굽한 이스라엘 백성이 시내산을 출발한 후 기브롯 핫다아와를 지나서 진을 친 오아시스이다(민 11:35). 미리암이 나병에 걸리는 사건으로 이스라엘은 이 곳에서 7일간 머물렀다.

기브롯 핫다아와

돌무덤이 널려있는 기브롯 핫다아와

기브롯 핫다아와는 시내산 동북쪽 40km 지점에 있는 오늘날 나와미스(Nawamis)로 추정된다. 이 근처에 있는 루웨이스 엘 에베리그(Ruweis el-Ebeirig)에서는 고대의 캠프 흔적이 발견되었되었는데 그롤렌버그(Grollenberg)는 이 곳을 기브롯 핫다아와로 보고 있다. 이 곳은 출애굽한 이스라엘이 탐욕으로 죽은 곳이다. 오늘날 이 곳 나와미스에는 5000년 이상된 둥근 모양의 돌로 쌓은 베두인들의 무덤이 사방에 널려 있다.

가데스 바네아

정탐꾼을 보낸 가데스 바네아 원경

이스라엘 지역의 가데스 전망대에서 본 모습이다. 출애굽 여정지 중 가장 정확한 위치를 가지고 있는 가데스 바네아는 브엘세바의 남쪽 약 80km 지점인 아인 엘 쿠세이라트, 아인 케데이스, 아인 코세이메의 3개의 샘이 있는 곳이다. 이 곳은 이스라엘이 정탐꾼의 보고에 원망함으로 40년을 광야에서 방랑하게 된 곳이다.

터키의 성지순례

터키의 성지

그리스
입살라 Ipsala
국경
국경선
데키르닥 Tekirdag
이스탄불 Ankara
흑

사모드라계섬
Is. Samothraki
Kesen
Sarkoy
마르마라(Marmara) 해협
Kocaele
Sakarya

Eceabat
Lapseki
Kyzikos
Edincik
Plakia
Ornangazi
Iznik 니게아
Goynuk

치나깔레
Canakkale
트로이 Troy
Cam
Yenice
Karacabey
부르사
Bursa
Bilecik
Inegol
Bozuyuk

드로아
Alexandria Troas
무 시 아
Hadnanoi
Keles
Orhaneli
Temnos
에스키
Eski

앗소 Assos
아드라뭇데노
Edremit
발리케시르
Balikesir
Achyraus
Harmancik
Tavsanli
퀴타히야
Kutahya
Mahmudiye
Kuka

미둘레네섬
Is. Mitilini
(Lesvos)
Mitilini
아이발릭 Ayvalik
Perperene
더킬리
Dikili
Dursunbey
Emet
M

에게해
버가모 Bergama
Pitane
Sindrgi
Tiberio Polis
Alia
Demirci
Akmonia
아피온
Synnada
Baya
M

기오섬
Is. Khios
Hios
Foca
두아디라 Akhisar
Gediz
Altintas

Cesme
제즈메
서머나
Izmir
마니사 Manisa
Silandos
Selendi
Usak
Mesotimelosi
Sivasu
Sandikli
안디옥
Antio

사데 Sardes
빌라델비아
Alasehir
Sebaste
에게르드나

Ödemis
Sarigöl
소 아 시 아
Civril
Dimar

쿠사다시 Kusadasi
Ephesus
에베소
사모섬
Is. Samos
Saraykoy
Pamukkale
히에라볼리
이스파르타
Isparta
Egirdir
Cre

Ikaria
밀레도 Miletus
Denizli
라오디게아
Aphrodisias
골로새
Colossae(Honaz)
Bucak

밧모섬
Is. Patmos
Yenihisan
Cine
Gerba
Yatagan
Tavas
Acipayam
Yesilova
Olbasa
Kizilkaya

그리스
Milas
Kale
Alacam
Tefenni
Cavdir
Korkuteli
밤 빌
버가 Perge

고스섬
Is. Kos
Bodrum
Ören
무글라 Mugla
Altinyayla
Elmali
잇달리야
Antalya

Astipalea
니도 Knidos
Kaunos
Dalaman
Balbura
Ol Ympos
Gagae

로도섬
Is. Rodos
Rodos
Fethiye
루 기 아
바다라
Kas
무라
(Limyra)
Aperlai

범례

- ● 성경 지명
- ☇ 고고학 발굴지
- ♨ 성채 ◉ 공항
- ─ 중심도로
- ─ 2 급도로
- ■ 아시아 7 교회

0   40km

N

국경선

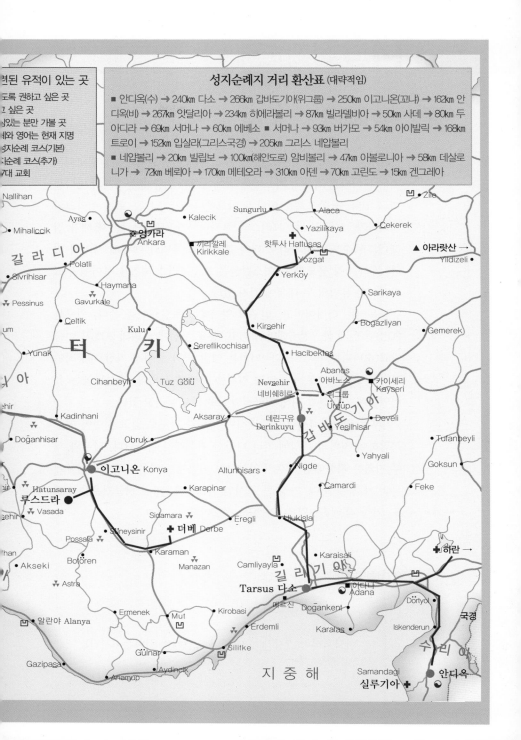

성지순례지 거리 환산표 (대략적임)

■ 안디옥(수) → 240km 다소 → 266km 갑바도기아(위그룹) → 250km 이고니온(꼬냐) → 162km 안디옥(비) → 267km 앗달리아 → 234km 히에라볼리 → 87km 빌라델비아 → 50km 사데 → 80km 두아디라 → 69km 서머나 → 60km 에베소 ■ 서머나 → 93km 버가모 → 54km 아이발릭 → 168km 트로이 → 152km 입살라(그리스국경) → 205km 그리스 네압볼리

■ 네압볼리 → 20km 빌립보 → 100km(해안도로) 암비볼리 → 47km 아볼로니아 → 58km 데살로니가 → 72km 베뢰아 → 170km 메테오라 → 310km 아덴 → 70km 고린도 → 15km 겐그레아

터키의 성지순례

1.국가개요

터키는 면적이 약 78만㎢로써 우리나라 한반도의 3.5배 정도되는 매우 큰나라로 흑해와 카스피해와 에게해와 지중해 등 4개의 바다를 끼고 있다. 동쪽으로는 이란과 아르메니아가, 남쪽으로는 이라크와 시리아가, 서쪽으로는 그리스와 불가리아가, 북쪽으로는 흑해가 접해 있다. 수도는 앙카라로 터키 북서쪽의 흑해와 에게해 사이에 있다. 특히 가장 규모가 큰 이스탄불은 보스포러스 해협을 사이에 두고 아시아와 유럽의 두 대륙에 걸쳐 있다.

공용어는 터키어이고, 인구의 약 7%는 쿠르드어를 쓴다. 인구는 2013년 현재 약 7천 6백만 명이고, 종교는 전체 국민의 90%가 이슬람교(수니파)를 믿고 있다. 터키는 아랍 국가 중에서 가장 개방적인 나라로 표면적으로는 종교과 정치를 분리하고 있다. 오늘날에는 유럽연합에 가입하기 위해 적극적인 노력을 기우리고 있다.

기후는 비교적 4계절이 뚜렷하나 국토가 가로로 넓고 지형이 매우 복잡하여 지역의 특성에 따라 다양한 기후대가 나타난다. 남부와 서부 지역은 지중해성 기후의 영향으로 여름에는 고온건조하며 겨울에는 비가 자주 온다. 가장 큰 도시인 이스탄불의 1월 평균기온은 3-9도, 가장 더운 7-8월은 19-29도 정도이다.

2.여행일반

(1)시차
터키는 한국보다 약 7시간 늦다(썸머 타임때의 시차는 6시간).

(2)환율과 환전

통화 단위는 터키 리라(Turkish Lila=TL)로 인플레이션이 심하여 달러당 환율 변동의 폭이 매우 크다.

(3)통신

이스탄불에서 한국으로 직접 통화하려면 국제 번호인 00을 누른 후 한국 국가번호인 82를 누르고 서울 지역번호중 0을 제외한 2번을 누른 다음 해당 번호를 누르면 된다.

예를들어 한국 서울의 33xx-0675로 걸려면 00-82(국가번호)-2(서울지역번호)-33xx-0675를 누르면 된다. 한국 수신자 부담으로 거는 경우에는 서비스 번호인 00800-82-8282로 다이얼을 돌리면 한국 통신 교환원이 한국의 수신자 번호로 연결시켜준다.

(4)기타

터키의 특산품은 독창적이며 정교한 세공품들로 정평이 나있다. 특히 이스탄불에 있는 그랜드 바자르는 5천여개의 상가에 각종 도자기 제품, 양탄자, 가죽 제품 등의 수공예품을 구할 수 있다. 그외에 카펫트는 품질이 좋기로 유명하며 여행객에 가장 인기있는 상품이다. 그리고 금, 은, 동의 세공품들은 기술에 비해 싼 가격으로 구입할 수 있다. 숙박은 관광지를 제외하고는 비교적 싸고 깨끗한 호텔이 많이 있으며 흥정의 여지가 많다. 그러나 화폐개혁 이후 물가가 많이 올랐다. 특히 기름값이 많이 올라 렌터카를 이용할 경우에는 경비를 고려해야 한다.

3.가볼만한 성지(서쪽, 남쪽, 동쪽순으로)

이스탄불 지역

이스탄불은 1400만명 정도(2013년)의 터키에서 가장 큰 도시이지만 수도는 앙카라에 있다. 이스탄불은 보스포러스 해협을 기준으로 동쪽으로는 아시아요, 서쪽은 유럽이다. 동로마 제국 때는 콘스탄티노플로 불렸으며, 오스만제국 때까지 수도로 있었다. 1985년에는 유네스코 세계문화유산으로 지정되었다. 성경에는 직접 언급이 되지 않았다. 관광지로는 갈라타 다리, 그랜드 바자르, 돌마바흐체 궁전, 블루 모스크, 아야 소피아(소피아성당), 지하 궁전(에레바탄 사라이), 코라 교회(카리예 박물관), 톱카프 궁전, 히포드럼 등이 있다.

성 소피아성당(아야 소피아)

'신성한 지혜'란 뜻의 성 소피아성당은 막대한 비용을 들여 콘스탄틴 1세때 건축하기 시작하여 537년 유스티니아 황제에 의해 봉헌되었다. 이 성당은 15층 높이에 해당하는 중앙돔이 있으며 40여개의 창문을 통해 빛이 들어오도록 설계되었다. 내부는 초기 기독교의 성화와 회교의 종교적인 장식들이 공존하고 있으며, 외부는 4개의 회교 첨탑이 시대를 따라 각기 다른 형태로 세워져 있다. 이 성당은 교회로서 916년간 역할을 했고, 481년간 사원의 역할로 변모했으며, 1935년 역사 박물관으로 명맥을 유지하고 있다.

◐ 성 소피아 성당 2층에 있는 마리아와 예수와 세례자 요한의 모자이크

블루모스크

성 소피아성당과 마주보고 있는 블루모스크(Blue Mosque)는 1609-1916년 당시 유명한 건축가인 시난의 제자인 무하마트 아가에 의해 성 소피아성당(사원)을 모방하여 건축되었다. 블루모스크라고 불리게 된 것은 푸르고 초록빛의 타일을 사용한데서 연유한다.

히포드럼 광장

이스탄불 블루모스크 옆의 히포드럼 자리에 세워진 이집트 투트모세 3세(BC 15세기)의 오벨리스크는 이집트 룩소(테베)의 카르낙 신전에 세워진 오벨리스크 중의 하나이다. 이 것은 메소포타미아 군대에 승리한 것을 기념하여 390년 데오도시우스 1세때 이스탄불로 옮겨졌다.

이스탄불의 코라교회

신약성경 모자이크로 유명한 코라교회

코라의 구세주교회라고도 불리는 이 교회는 알레기우스 1세의 장모인 도우카니에 의해 1077- 1081년 건축되었다. 1500년에 회교 사원으로 개조되었고, 현재는 카리예 박물관이다. 이 교회의 내부에는 현존하는 모자이크 중 가장 보존 상태가 좋은 것으로 예수의 첫 번째 기적을 비롯하여 신약성경의 중요 사건들이 벽 사방으로 그려져 있다.

이스탄불의 보스포러스 해협

동서양을 나누는 보스포러스 해협

보스포러스는 동서양을 구분하는 해협이다. 따라서 이 해협을 가로질러 건설된 보스포러스 다리는 동서양의 가교 역할을 한다. 다리 탑은 165이고, 길이는 총 1560m이며, 두 개의 탑 사이는 1074m이다. 보스(bos)는 트랙(Trak) 언어로 '소'를 의미하고, 포러스(Poros)는 고대 그리스어로 '지나가다'를 의미한다. 곧 '소가 지나가다'란 뜻이다.

이스탄불 고고학 박물관

박물관에 있는 실로암 비석

이스탄불 고고학 박물관은 2015년 현재 개관 124년의 역사를 가지고 있다. 박물관은 성 소피아성당에서 내리막길로 가면 바로 가까운 거리에 있다. 이 박물관에는 기독교인들에 관심있는 성경관련 유물들이 있기 때문이다. 그 중에는 예루살렘 다윗성내의 히스기야 터널 발굴때 발견된 실로암 비문과 헷(힛타이트)족속과 이집트와 맺은 최초의 세계 평화조약인 게데스 조약 비문 등이 있다.

이스탄불의 지하 물 저장소

지하 물 저장소(상)와 메두사 머리(하)

바실리카 시스턴(Basilica Cistern)은 지하 저수조로 지하궁전이라고도 불린다. 성 소피아성당 맞은편에 있는 이 곳은 콘스탄틴 1세의  황제에 의해 설계되었고 후에 이루스티니아누스 황제에 의해 확장 재건되었다. 저수조는 길이 140m, 폭 70m이다. 현재 물 안에는 물고기가 살고 있다.

소아시아 7개 교회 지역(에베소는 별도)

신약 시대에 나오는 오늘날 터키 지역의 명칭은 시대에 따라 약간씩 변동은 있으나 대체적으로 서쪽으로부터 소아시아, 무시아, 비두니아, 갈라디아, 루기아, 밤빌리아, 루가오니아, 갑바도기아, 길리기아, 수리아 등으로 구분된다. 이중에 소아시아 지역은 최 서쪽 지역으로 이 지역내에는 계시록에 나오는 7개 교회와 밀레도가 있다.

라오디게아(계 3:14-22)

라오디게아의 중심도로

라오디게아는 히에라볼리(파묵깔레) 남쪽 9km쯤, 골로새 서북쪽 약 16km쯤 떨어진 지점에 소재한다. 라오디게아는 매안더강 지류인 루커스(Lycus, 오늘날 Curuksucay)강 계곡에 있는 한 도시이다. 이 곳에는 소아시아 일곱 교회 중 맨 마지막 교회인 라오디게아 교회가 있었고(계 3:15-16), 바울은 이곳 교회를 위해 많은 정성을 쏟았다(골 2:1). 라오디게아는 BC 250년경 셀레우코스 왕조의 안티오커스 2세에 의해 건설된 도시로서, 도시 이름은 그의 부인인 라오디게의 이름을 따서 라오디게아라고 명명한 것이다.

빌라델비아(계 3:7-13)

두 기둥만 남아있는 빌라델비아교회

빌라델비아는 사데 동쪽 약 45km쯤 되는 곳에 위치한 오늘날 알라세힐(Alasehir)이라는 소도시가 있는 곳이다. 이 곳은 형제 사랑이란 뜻을 가진 도시로 소아시아 일곱 교회 중 여섯 번째로 소개된 이곳 교회는 서머나교회와 같이 성령님께로부터 책망받는 일이 하나도 없고 칭찬만 받은 모범적 교회였다(계 3:7-13). 현재 이 곳에 있는 유일한 교회 유적으로 비잔틴 시대에 지었던 교회의 두 기둥만이 남아 있다. 약 15m 높이의 육중한 돌기둥 두 개가 당시 이 지역이 지진 지역임을 보여준다.

⊕ 라오디게아의 야외극장

고대 라오디게아에서는 히에라볼리의 온천수를 이 곳까지 끌어오기 위해 수로를 만들었는데 지금도 그 일부의 흔적이 남아 있다. 7km에 달하는 이 수로를 통과하는 동안 더운물은 라오디게아에 오면 식어 미지근해졌다. 이런 연유에서 주님은 라오디게아 교인들에게 '네가 차지도 않고 덥지도 않고 미지근하다' (계 3:15-16)라고 책망하셨다.

수도관

사데(계 3:1-6)

○ 사데의 또다른 교회터

○ 사데 아데미 신전 옆의 비잔틴때 교회

아데미 신전 남쪽에는 5개의 둥근 지붕 형태를 지니고 있는 중세 비잔틴 시대의 교회 유적이 남아 있다. 외부는 장식용 벽돌로 쌓았고, 내부는 모자이크 무늬와 수채화로 그린 프레스코 벽화와 채색 유리로 장식되었다. 교회 규모로 보아 기독교가 공인되기 이전에 세운 것으로 생각된다. 유적지 입구의 오른쪽에 또다른 교회터가 남아 있다.

사데교회는 아시아의 일곱 교회 중 작은 교회에 속하지만 사도 요한은 "사데에 그 옷을 더럽히지 아니한 자 몇 명이 네게 있어 흰옷을 입고 나와 함께 다니리니 … 이기는 자는 이와 같이 흰옷을 입을 것이요"(계 3:4-5)라고 격려하였다. 당시의 부와 권세를 상징하는 옷은 자주색 옷이었으나 사데의 의인은 흰옷을 약속 받았으니 의미심장하다.

○ 눈덮인 사데의 아데미 신전

사데 유적 중에 아데미 여신의 신전은 빼 놓을 수 없다. 알렉산더 대제의 명령으로 건축이 시작된(BC 330년경) 이 신전은 에베소의 아데미 전각과 같이 '다산과 풍요의 여신'을 위한 신전인데 전면의 폭이 50m, 길이 90m, 78개의 석주(石柱)가 늘어선 웅대한 규모였다. 성상(聖像) 안치소는 신전 동쪽으로 향하고 있다. 이중 주량(柱梁)이 남아있는 유적은 주로 로마 시대의 것이다. 그리고 서쪽 끝에는 BC 5-6세기경에 처음으로 세워진 독립제단이 하나 있다. 지금은 18km 높이의 이오니아식 석주 2개가 서 있어 과거 웅장했던 신전을 보여준다.

○ 사데의 회당터

체육관 앞에 있는 이 회당은 1000명 이상이 들어갈 수 있었는데 지금까지 알려진 유대인 회당으로서는 최대 규모의 것이다.

로마 시대에 건축된 거대한 체육관의 전면이 현재 복원되어 있다. 이 체육관은 육체 단련뿐만 아니라 일반 교육도 이루어졌던 장소였다. 사데에 이런 대규모의 체육관을 통해 이 도시의 문화적 수준을 알 수 있다.

○ 사데의 채육관(김나지움)

버가모(계 2:12-17)

◎ 웅장한 형태로 남아있는 버가모교회

버가모는 서머나 북쪽 80㎞ 지점에 있는 작은 도시로 그리스 통치때(BC 3-1세기)에는 번성했었다. 이 곳도 사도 요한이 편지를 보낼 만큼 오래된 교회를 갖고 있었다. 초기 기독교는 로마 바실리카로부터 교회의 건축 모형을 따왔는데 이 건축양식은 후에 로마네스크 교회 건축 양식을 낳았다. 현재 교회의 잔해는 2세기경에 붉은 벽돌로 지은 세라피스 신전으로 소위 '붉은 건물'이 비잔틴 시대인 300년대에 교회로 전환된 것이다. 그래서 오랫동안 교회로 사용해 오다가 13세기 이후에 예배는 멈추었고 지금은 이슬람 교도들의 기도처만 구석에 있을 뿐이다.

◎ 버가모의 아스클레피온(보건소)

아스클레피온 신전은 고대 세계에서 두 번째로 널리 알려져 있는 보건소이다. 버가모 성읍 남서쪽에 자리잡은 이 건물은 아름다운 거리를 따라 들어가게 되었다. 돌로 포장된 폭이 20m나 되는 대로로, 800m에 이르는 구간을 직선으로 들어간다. 길 양편에는 약 15m 높이의 석주들이 도열해 있어 장관을 이루고 있다. 원형 신전의 둥근 지붕과 장미 매듭 장식을 한 치료실이 있는데 치료실 안뜰 중앙에 있는 신성한 우물과 연못은 지하터널로 연결되어 있다. 여기서 목욕과 진흙 습포식 치료 방법, 음악요법을 위한 야외음악당, 명상요법을 위한 터널 통과, 식이요법, 운동요법, 심리요법, 신앙을 통한 치유 방법 등 전인적 요법을 사용했다. 구내에는 의학 도서관도 있었다.

아스클레피온에서 본 아크로 버가모 전경   제우스 신전터, 아크로 버가모

버가모는 BC 3-1세기의 그리스 통치 시대에 전성기를 이루었다. 당시 이 곳은 버가모 왕국의 수도로서 주변 지역에 군림하던 대도시였다. 버가모의 산 위에 건설된 아크로폴리스의 왕국과 신전들의 유적은 버가모 왕국이 얼마나 번성했는지를 보여준다. 이 곳은 제우스의 출생 설화가 있는 곳으로 이 곳에 있던 제우스 신전은 독일 베르린의 페르가모 박물관에 전시되어 있다.

두아디라(계 2:18-29)

벽만 남아있는 두아디라교회

두아디라는 소아시아 서부의 한 도시로서 리쿠스(Lycus)강 남쪽 강변 근처인데, 서부에 있는 버가모와 동남에 있는 사르디스(Sardis, 사데)를 잇는 도로상에 위치해 있다. 현재는 악히살(Akhisar)이라는 이름으로 불려지는 동네이다. 바울은 빌립보에 전도갔을 때 두아디라성의 자주 장사를 하며 하나님을 공경하는 루디아라는 한 여자를 만났대(행16:14). 이 곳은 행 19:10에 시사된 대로 이 도시에 언제, 누가 제일 처음 기독교 복음을 전파했는지의 기록은 없으나 바울 자신이나, 아마도 바울을 따르던 독실한 신자 중에 전했으리라고 본다. 95년경 요한 계시록이 작성될 때 두아디라에는 상당히 강력한 교회가 있었대(계 2:18-29). 이는 이 곳의 교회가 사랑과 믿음과 섬김과 인내의 칭찬을 받은 것과, 나중 행위가 처음 것보다 많다고 한 편지의 내용에서 알 수 있다.

서머나(계 2:8-11)

서머나의 폴리갑 기념교회 외경

성화로 가득한 폴리갑 기념교회 내부

오늘날 서머나에는 순교자 폴리갑 기념교회가 있다. 이 교회는 17세기 때 화재로 소실된 후 1690년에 재건된 것이다. 그리 크지는 않으나 교회 내부의 벽화가 유명하다. 벽화는 성경의 주제뿐만 아니라 폴리갑의 생애와 관계된 성화들이 벽면을 채우고 있다. 이 성화들은 19세기 말, 이 교회를 크게 보수할 때 프랑스 화가 레이몽 페래가 그린 것이다.

2세기경 로마 양식으로 복구된 이 곳 서머나의 유적지는 현재 카디페칼레 근교의 나마즈가흐 또는 틸킬릭으로 알려진 지역의 공동묘지 아래에 위치하고 있다. 지금은 북쪽과 남쪽만 발굴되었는데 북쪽에는 세 개의 구역으로 나누어진 길이 160m의 공회당이 있다.
아고라는 대형 석조 건물로 된 고대의 시장터이다. 그 규모는 고린도 양식의 석주(石柱)가 늘어서 있는 120m×80m 크기의 대규모이다.

서머나의 아고라(시장터)

에베소(계 2:1-7)

◐ 중심도로가 보이는 에베소 유적지

에베소는 에게해안에서 5km 들어간 카이스터 강구에 위치해 있다. 당시 정치적으로 로마 제국이 소아시아를 지배할 때의 수도로 로마, 알렉산드리아, 안디옥과 더불어 로마 제국의 4대 도시 중의 하나였다.

바울은 제2차 전도여행시 이 곳에서 잠시동안 전도하였고(행 18:19), 제3차 전도여행 때에는 마술사들이 마술책을 불사르고 예수를 믿었다(행 19:1-10). 사도 요한은 예수님께서 십자가상에서 부탁하신 말씀에 따라 예수의 모친인 마리아를 모시고 이 곳에 와서 말년을 보냈고, 마리아는 이 곳에서 별세하였다고 한다. 또 그는 이 곳에서 요한복음과 요한서신(요 1, 2, 3서)을 저술하였으며, 밧모섬에 유배가서 계시를 받아 일곱 교회에 보냈다(계 1:11). 요한은 유배 후 이 곳에서 여생을 보내다 별세하였다. 바울은 로마 옥중에서 이 곳에 있는 교회에 편지하였다(엡 1:1). 디모데, 아굴라, 브리스길라, 아볼로, 두기고, 드로비모 등이 이곳 교회의 교역자였다(딤전 1:3, 행 18:18, 딤후 4:12). 에베소는 세례자 요한의 제자 오네시보로, 구리장색 알렉산더, 데메드리오, 스게와의 일곱 아들, 부겔로, 허모게네, 후메네오, 알렉산더 등의 고향이기도 하다(딤전 1:20, 딤후 1:15-18, 4:14). 이 곳의 유적은 대극장을 비롯하여 아데미 전각, 대규모의 도서관, 두곳의 아고라(시장터), 성모 마리아 교회와 세례자 요한 교회 등 상상을 초월할 정도로 그 규모가 크다.

◐ 대극장에서 항구로 본 모습 우측 길은 항구로 가는 아르카디아 길이다.

에베소의 대극장은 3단 형태의 구조로 각 단은 22단계로 되어 있다. 반원형 로마식 건축으로 2만 4천명을 수용할 수 있는 이 극장에서는 경마, 격검, 씨름, 죄수 사형 등을 시행하였다. 에베소에는 대극장 외에도 야외음악당(오데온)이 있다.

◐ 에베소 상세도

① 하드리안 신전 ② 쎌서스 도서관 ③ 트라얀 황제 석상 ④ 야외극장 ⑤ 경기장 ⑥ 아데미 신전 ⑦ 비잔틴때의 성벽 ⑧ 베디우스 체육관 ⑨ 고대 음악당(주악당) ⑩ 대아고라 ⑪ 항구로 가는 아르카디아 길 ⑫ 체육관 ⑬ 목욕탕 ⑭ 성모 마리아 교회 ⑮ 리스마쿠스의 성벽 ⑯ 체육관

◐ **사도 요한의 무덤 위에 세워진 사도 요한 기념교회** 뒤로 보이는 것은 아야술룩 요새로 사도 요한은 이 곳에서 요한 1, 2, 3서를 기록했다고 전해진다.

사도 요한의 무덤(좌)과 사도 요한 기념교회로 들어가는 입구의 박해의 문(우)

사도 요한은 100년경 에베소에서 순교하지 않고 죽었다. 오늘날 그의 무덤은 아야술룩 요새 앞에 있는 사도 요한 기념교회 유적지 내에 있다. 그리고 이 무덤이 있는 요한 기념교회로 들어가는 입구에는 박해의 문이 있다. 이 문이 박해의 문이라고 불리운 것은 에베소의 히포드럼 앞에서 기독교인이 순교했는데 그곳의 돌을 가져다가 만들었기 때문이라고 한다.

◑ 전쟁과 승리의 그리스 신 니케 여신상

그리스 신화에 나오는 신 중의 하나인 니케 여신의 손에는 종려나무 가지를 들고 다른 한 손으로는 면류관을 들고 있다. 종려나무는 승리를 상징하며, 면류관 역시 고대에는 경기의 승리자에게 수여되는 것이었다. 나이키(Nike)는 이 니케에서 상표와 이름을 따왔다.

◐ 아데미 신상 에베소 박물관

아데미 여신상은 다산과 풍요를 가져다 준다는 여신으로 만민을 먹여 키운다고 주장하여 유방이 여러개가 된다. 로마에서는 다이아나에 해당된다. 바울 당시 에베소에는 아데미 신상을 만들어 매매하는 것이 성행했다(행 19:24-28).

BC 7세기에 세워진 **아데미 신전**은 전면 폭이 70m, 길이가 130m, 높이가 20m나 되는 거대한 건물로 파르테논 신전보다 4배가 더 크다. 이 건물의 둘레에는 127개의 이오니아 양식의 돌기둥이 둘러져 있어 건축미의 웅장성과 아름다움을 자랑했다. 이 아데미 신전은 세계 7대 불가사의 중 하나이다. 그런데 이 어마어마한 신전이 BC 356년 알렉산더가 출생한 해에 한 정신병자의 방화로 불타 버리고 말았다. "아데미 여신은 방화범이 자기 신전을 불태우는 것도 막지 못할 정도로 무력하단 말인가?"라는 질문에 "아데미 여신은 바로 그때 출타 중이었다. 마게도냐 지방에서 탄생한 알렉산더를 축하하기 위하여 그곳에 갔던 때다"라고 하는 변명을 한다. 아데미 여신상은 다산과 풍요를 가져다준다는 여신으로 만민을 먹여 키워 준다고 주장하여 유방이 여러 개가 된다. 이 신상은 사람의 손으로 만든 것이 아니요 하늘에서 스스로 강하했다고 주장한다.

◑ 고대 7대 불가사이 중 하나였던 아데미 신전터

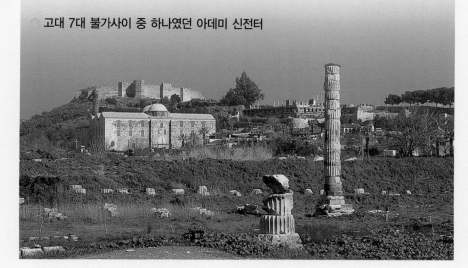

마리아 기념교회(좌)와 핍박을 피해 마리아가 산속에 살던 집터(우)

에베소의 마리아교회는 로마제국에 의해 기독교가 공인된 후 국가에 의해 다시 교회로 건축되었다. 예수의 신성을 재확인시킨 431년 제3차 세계종교회가 이 곳에서 개최되었다. 이때 성모 마리아의 신성도 선포되었다.

마리아가 살던 집터라고 하는 곳에 세워진 마리아 집은 파나야 카풀루 산속에 있다. 가톨릭 교회에서는 이 곳의 교회를 복원하고, 교황 요한 23세가 가톨릭 교회 성소로 공포하였다.

⭐ 두란노 서원 자리에 세워진 쎌수스 도서관

이 도서관은 에베소 집정관이었던 쎌수스 폴레마누스가 사망한 후 그 아들이 그의 무덤 위에 독서실로 세운 것이다. 처음 건물은 2세기에 만들어졌으나 260년 화재로 인해 정면을 제외한 나머지 부분들이 소실되었다. 이 도서관은 외부가 16m 높이에 넓이가 21m이고, 실내가 16m×10m인 대규모로서 건물의 중심 계단 양편

에는 곡마사들의 동상이 받침대에 받쳐 있었다. 맨꼭대기와 기둥의 아랫부분은 납판을 씌워 강한 지진에도 버틸수 있게 했다. 에베소의 도서관은 이집트 알렉산드리아 도서관과 터키 버가모 도서관에 이어 고대 3대 도서관 중의 하나였다.

화장실 바울 당시에도 남자 전용 유료 화장실로 바리우스 목욕탕에서 내려오는 물을 사용하여 칸막이가 없이 수세식으로 만들었다.

매음굴 표지판 돈(원)과 여자와 미성년자 출입금지(발바닥) 등이 새겨져 있다. 아래 네모는 후에 새긴 것이다.

히에라볼리(파묵깔레)

산중턱에 있는 사도 빌립 무덤

온천물에 발을 담그는 순례객들

도시의 각 지역으로 보내는 수로

● 빌립교회가 있는 산 위에서 본 히에라볼리

히에라볼리는 BC 2세기경에 버가모 왕 엠마네스 2세 (Enmenes II)가 건설한 도시이다. 히에라볼리는 BC 2세기 버가모의 왕에 의해 붙여진 명칭으로 '거룩한 성'이란 뜻이다. 히에라볼리는 라오디게아 북쪽 10km, 골로새 북서쪽 19km, 빌라델비아 북쪽 약 160km 떨어진 곳에 소재한 오늘날의 파묵칼레(Pamukkale)이다. 파묵칼레는 '목화성'이란 뜻이다. 리쿠스 강이 내려다 보이는 소아시아 남서쪽에 위치한 이 곳은 라오디게아, 이고니움, 에베소 대로를 지나 북서쪽의 빌라델비아와 사데로 가는 길목에 있다.

골 4:2-13에 의하면 이 곳의 교회는 에바브라가 설립한 듯하다. 로마인은 이 곳에 대형 로마식 공중목욕탕을 지었다. 오늘날 이 곳에서 발굴된 유적들은 대부분 로마 제국 시대의 것이며 그 중에서 석조로 된 목욕탕은 대부분 원형대로 복구되었다.

이 곳의 유적 발굴은 과거에도 있었으나 체계 있는 발굴 작업은 1957년에 착수되었다. 최근의 발굴 결과, 지하로 들어가는 입구에서 치명적인 방사선 원료 플루토늄(Plutonium)을 찾아냈다. 플루토늄이 매장된 지역은 도시의 중앙에 있는 아폴로 신전 옆과 아래에 있으며, 또한 급하게 흐르는 물소리와 불쾌한 화약 냄새가 아직도 나고 있다. 산 언덕에는 야외극장이 원형 그대로 남아 있으며, 그 위에는 사도 빌립 무덤이 있다.

이 곳 주변에는 양을 치는 목축업이 번성해 옛부터 직조업이 크게 발전했으며 오늘날에도 옛 전통이 그대로 계승되어 지금도 많은 카펫 사절들이 줄지어 찾고 있다. 이 곳의 양털 카펫은 세계에서 가장 뛰어난 특상품으로 꼽힌다. 그리고 이 지역은 석회질이 있는 온천이 오랜 세월을 거치는 동안 침전되어 하얀 절벽을 이루고 있는데 이 절벽이 새벽부터 저녁까지 햇볕에 따라 시시각각 색깔이 변하는 아름다운 모습을 띠게 하여 많은 관광객들을 찾아오게 만든다.

● 히에라볼리의 고대 석관

이곳은 고대로부터 치료를 위해 수많은 병자들이 찾아왔다. 그러나 대부분의 사람들은 죽어 이 곳에 묻혔는데 많은 석관들이 남아 있다.

골로새

◎ 텔 골로새 경사지에 있는 동굴

골로새는 라오디게아에서부터 리쿠스(Lycus) 계곡을 따라 약 16km 올라간 곳으로 고대 브루기아(Phrygia)의 남서쪽에 있었다. 라오디게아에서는 17.6km, 히에라볼리에서는 20.8km 떨어진 이 곳은 로마의 아시아 영토에 속한 도시로서 헬라화한 지역이지만 본래 골로새란 이름은 브루기아 지명인 듯하다. 고대로부터 서방과 동방을 잇는 관문으로, 오늘날에는 철도와 고속도로가 이 곳을 통과한다.

리쿠스 지역에 있는 3개의 주요 도시 가운데 골로새가 첫 번째로 승격되었다. 당시 이곳 주민들은 모국어를 사용하는 브루기아인들이었으며 그들은 자신들의 여신을 숭배했다. 그리고 BC 401년에 크세노푼은 바사(페르시아) 왕 고레스의 진군을 설명하면서 골로새는 번창한 큰 도시라고 기록했다. 이런 사실로 보아 헬라 시대 이전의 골로새는 이 지방에서 가장 번창했음을 알 수 있다. 헬라 시대에는 라오디게아, 히에라볼리와 함께 경쟁을 했던 세 도시로, 로마 시대에는 여전히 이 지역이 직물공업 중심지였다. 골로새는 8세기에 황폐되어 남쪽으로 4.2km 떨어진 코나에(Chonae, 오늘날 Honaz) 근처의 채석장으로 변했다.

리쿠스 계곡의 골로새에 복음이 전해진 것은 바울이 에베소에 머물러 있을 당시로 여겨지며 (행 19:10), 골로새 사람인 에바브로를 통해서인 듯하다(골 1:7, 4:12-13). 바울은 이 곳을 방문한 일이 없는 것 같으나 로마 옥중에서 골로새서를 써 이 곳으로 보냈다(골 1:4, 2:1). 그후 이 곳을 방문하고자 하는 그의 소원(몬 1:22)은 오랜 시간이 흐른 뒤에 이루어졌다. 그의 종인 오네시모(골 4:9)는 초기 골로새교회 교인이었다. 골로새교회는 시민의 구성 상황과 마찬가지로 유대인과 헬라인, 브루기아인이 섞여 있었는데, 이 것은 바울이 그의 서신에서 반박한 사변적인 이단을 초래한 가장 중요한 이유가 되었다.

◎ 텔(언덕) 형태로 있는 골로새

앗소

🌀 뒤로 미둘레네섬이 보이는 앗소 항구

앗소(Assos)는 오늘날 터키 서쪽에 있는 베흐람괴이(Behramkoy) 마을에 위치했던 아드라미티움(Andramyttium)만에 있는 드로아 남쪽의 항구 도시이다. 이 도시는 깎아지른 해안의 아름다운 경관 위에 이상적으로 자리잡고 있다. 해안 근처에 있는 이 도시는 급경사 오르막으로 방어되었다. 그 천연의 방어시설은 32km 지점에 달하며, 19.5m 높이의 성벽으로 강화되었다. 발굴에 의하여 도리아식 아테나(아데미) 신전을 위시하여 목욕탕과 교회터와 극장의 유적들이 발굴되었다.

바울은 3차 전도여행 귀로 길에 드로아에서(행 20:7-12) 도보로 앗소까지 왔다가 이 곳에서 배를 타고 미둘레네로 떠났다(행 20:13-14).

산 꼭대기에 있는 앗소의 아데미 신전터

아데미는 '사냥의 여신' '달의 여신'이란 뜻으로 에베소의 수호신이며 소아시아 모든 여신의 어머니 신이다. 예로부터 풍요와 다산을 주관하는 신으로 믿었다. 에베소에서 310km 떨어진 이곳 앗소에도 에게해의 미둘레네 섬을 바라보며 지어진 아데미 신전이 있다. 사데나 에베소보다는 작지만 남아 있는 기둥을 보면 상당히 큰 규모임을 알 수 있다.

앗소 항구의 근경

성채 아래에 있는 앗소 항구는 큰 인공 방파제로 인하여 배를 대기에 편리하게 만들었다. 개인적인 순례시에는 비수기에는 숙박비가 일반 호텔보다 저렴하기 때문에 하루를 묵는 것도 좋다. 옆에는 작은 해수욕장도 있으며, 대부분의 숙소는 바다로 향하고 있어 창문을 통해 미둘레네섬을 바라보며 바울의 전도열정을 묵상하는 것도 좋다.

앗소의 성벽

산 중턱에 있는 야외극장

앗소의 교회터

알렉산드로 드로아(성경의 드로아)

◑ 기둥만 남아 있는 드로아 항구터

드로아는 소아시아 서북지방 무시아도(道) 내에 있으며, 에게 해안의 테네도스섬 맞은편에 있는 항구 도시로 고대 트로이(일리움) 남쪽 16km 지점에 있다. 아직은 본격적으로 발굴이 안되고 있다. 드로아의 옛 지명은 시기아였다. 트로이 목마가 있는 고대 트로이에서는 남쪽으로 40km 정도 거리에 있다.

바울은 2차 전도여행 때 이 곳에서 기도하는 중에 마게도냐인의 환상을 보고 유럽전도 길에 오르게 되었다(행 16:6, 10). 그는 드로아에서 배를 타고 사모드라게섬으로 직행하여 유럽전도 길에 올랐고(행 16:11-12), 또 3차 전도여행 귀로에도 드로아에 왔는데, 이 곳에서 7일간 체류하면서 집회를 하였다. 이때 설교를 듣다가 2층에서 떨어져 죽은 유두고라는 청년을 살려낸 일이 있었다(행 20:6-12).

드로아의 교회터

드로아의 신전터

드로아의 일출, 로마때 목욕탕터

밀레도(밀레투스)

○ 야외극장이 보이는 밀레도

밀레도는 마이안테르강의 하구가 있는 라트미안만 남쪽 해변의 돌출해 나온 한 곳에 위치하고 있다. 소아시아 서해안에 있는 유명한 희랍의 항구 도시인(행 20:15, 17, 딤후 4:20) 밀레도에는 네 개의 부두가 있었으며 근해의 여러 섬들에 가려 숨겨진 위치에 소재했다. 바울은 이 곳에서 에베소교회 장로들을 불러 자기가 떠난 후에 흉악한 이리가 들어와 교회를 해칠까 염려스러우니 잘 관리하라고 부탁하고 눈물의 석별을 하였다(행 20:17-38). 현재 밀레도에는 대규모의 야외극장을 비롯하여 이오니아식 상점터, 신전터, 로마때 목욕탕, 아고라, 사자석상 등 많은 유적들이 남아 있다.

밀레도 상세도

① 회당 ② 여인숙(여관) ③ 항구 ④ 델피 신전 ⑤ 목욕탕 ⑥ 북쪽 아고라(시장) ⑦ 체육관 ⑧ 이오닉 상점 ⑨ 분수대 ⑩ 남쪽 아고라 ⑪ 경기장 ⑫ 서쪽 아고라 ⑬ 아데미 신전 ⑭ 미가엘 교회 ⑮ 파우스티나 목욕탕 ⑯ Heroon ⑰ 세라피스 신전

인공 항만 기념비터(상)와 교회터(하)

오늘날 밀레도의 부두들은 충적토로 메워졌고, 마이안데르강 줄기는 그 흐름이 바뀌어졌다. 그래서 항구였던 밀레도의 폐허는 현재 해안에서 내륙으로 8㎞ 들어간 곳에 있다.

사자석상(좌)과 아골라터 근경(우)

물이 고인 아골라터(시장터)로 오른쪽에 보이는 건물은 로마때 목욕탕이다.

바다라

○ 저수지로 변한 바다라의 옛 항구터

○ 바다라 항구로 가는 길

바다라는 로도섬 맞은편으로 로도에서 85km 떨어진 해안도시이다. 바울 당시에는 편리한 항구로서 해상무역이 활발했으며, 비옥한 크산투스 강 유역에 농업도 잘되어 루기아 지방에서 가장 번성했다. 그러나 지금은 물이 얕아서 선박의 출입이 매우 힘들며 바울 당시 옛 항구터는 수풀이 우거진 저수조로 변해 항구는 사라졌다. 지금은 컬레 미쉬라고 부른다.

바울은 제3차 전도여행을 마치고 돌아오는 길에 이 곳에서 배를 타고 베니게로 건너갔다(행 21:1-2). 이 곳에는 아폴로(Aphollo)의 유명한 신탁소가 있었다. 당시의 극장, 목욕탕, 성벽, 거리와 상점, 석관, 세 개의 아치로 된 베스파니안 황제의 문 등의 유적이 오늘날까지 남아 있어 그 옛날의 번영을 짐작할 수 있다.

무라

○ 무라의 옛 항구터

무라(Myra)는 소아시아 남루기아도(道)에 있는 지중해의 항구 도시이다. 루기아 도시연맹의 6대 도시중 하나로 본성은 바다로부터 4km 가량 떨어진 안드라쿠스 강변에 위치했었다.

지명의 뜻은 '몰약', '불사르다'이다. 바울은 루기아도(道)에 속한 이 무라성을 거쳐 로마로 가는 항해를 하였다(행 27:5). 로마 통치하에서 루기아주(州)의 수도였던

무라는 큰 극장과 바위로 된 많은 묘실들이 있다. 무라의 주교를 지낸 니콜라스(바다라 출생)는 옛날부터 뱃사람들이 사당에 참배를 드리던 한 이교의 신을 대신하여 뱃사람들의 수호 성자가 되었다.

○ 산타크로스로 알려진 니콜라스 동상
○ 리시아인들의 바위 무덤이 있는 무라

앗달리아

◉ 앗달리아의 상징 사원(Yivli Minare) 탑

앗달리아는 소아시아 남서쪽 연안에 있는 밤빌리아 지역의 가장 중요한 출구에 위치한 조그마한 항구 도시로 현재는 안탈리아이다. 이 곳은 버가모의 아탈루스 2세(BC 159-138년)에 의해 설립되었고, 그의 이름을 따서 앗달리아라고 명명하였다. 바울은 제1차 전도여행을 마치고 돌아오는 길에 밤빌리아 지역의 버가를 다시 경유하여 이 곳 앗달리아에 와서 전도한 후, 이 곳 항구에서 배타고 전도여행의 출발지인 안디옥으로 귀환하였다(행 14:24-26).

앗달리아는 아직까지도 알맞은 규모로 번성하고 있으며, 항구는 아름다운 고대의 특징을 보존하고 있다. 헬레니즘 시대의 방어시설물들의 잔재가 아직도 남아 있는 것이 중세도시 성벽들에서 발견된다. 가장 인상적인 고대의 경계표는 하드리아누스 황제에 의해 만들어진 삼중으로 된 문이다.

⬆ 하드리아누스의 개선문   ◉ 앗달리아 해수욕장

◉ 바울이 들린 앗달리아 항구

버가

🔵 아고라터에 있는 헤르메스(허메) 제단

버가(Perga)는 세스트루스(Cestrus, 현재 아쿠스 강) 강구에서 13km 내륙의 평원에 위치한 소아시아 남부인 밤빌리아도(道)에 있는 고대도시 중의 하나로 현재 무르타나(Murtana)로 통칭된다. 이 성읍은 헬라 시대 이전에 생겼고, 트로이 전쟁 이후에 이 성읍을 번성시켰다.

바울은 제1차 전도여행시 왕복 2회에 걸쳐 이 땅을 통과하였다(행 13:13, 14:24-25). 이 성은 토착민의 요소가 강하며, 비옥한 토지는 아니었다. 바울과 바나바의 전도여행에 동행하던 마가 요한은 너무 힘든 나머지 이 곳에서 그들을 떠나 예루살렘으로 귀환하고 말았다. 이 일로 2차 전도여행 때는 바울과 바나바가 헤어지는 원인이 되었다(행 13:13-14).

🔵 버가의 중심거리

🔵 1만 2천명을 수용할 수 있는 버가의 스타디움 외벽

🔵 바울의 전도여행지인 버가의 헬라때 도시문

길리기아 지역의 다소

바울의 고향 다소의 로마때의 거리(좌)와 바울 생가에 있는 우물(우)

다소의 이름 뜻은 '기쁨'으로 수리아 안디옥 서북쪽 240㎞, 지중해 해안서 16㎞ 정도 내륙에 위치한 소아시아 남동 해안의 도시이다. 길리기아 관구 내에 있는 도시요(행 9:11, 22:3), 그 지방의수도였다. 다소 시내에는 키드너스(Cyauns)강이 흐르는 가장 비옥한 지역이다. 다소의 역사는시리아의 다메섹보다 더 오래 되어 신석기 시대까지 소급되어 올라가 BC 3000년경에 이미 요새화된 성읍을 이루고 있었다. BC 2300년 길리기아는 카주와 드나국의 수도로 타르사라는 이름으로 불렸다. 바울은 5년경 다소에서 출생하여 13세까지 이 곳에서 자랐으며, 예루살렘에서유학한 후 다시 고향에 와서 지내던 중 바나바의 권유로 수리아의 안디옥으로 가서 말씀을 가르치고 전도여행을 떠났다.

다소의 클레오파트라 문   바울 기념교회

이집트 톨레미 왕조의 마지막 여왕이었던 클레오파트라는 온갖 장신구를 화려하게 걸치고 제2의 사랑과 미의 여신 아프로디테와 같은 모습으로 키드리스강을 따라 다소에 찾아와서 안토니우스와 열애했다. 그는 줄리어스 시저를 유혹하여 자신의 보호자를 삼았다. 그러나 그가 암살당하자 안토니우스 장군에게 접근하려고 이곳 다소까지 왔는데 현재 이 곳에는 이 일을 기념하는**클레오파트라문**이 남아 있다. 그는 이집트로 돌아와 뱀에 물려 자살했다고 전한다.

다소에 있는 **바울 기념교회**는 1102년에 세웠다는 이야기가 전해온다. 현장의 안내문에는 18세기말에 지어졌다고 소개하고 있다. 또다른 자료에 의하면 1862년 지어졌다고 한다. 현재의 건물은1998~2000년에 보수되었다. 오늘날 순례객들은 이 교회에서 예배(미사)를 드리며 바울의 생애를 되새기곤 한다.

수리아의 안디옥

◎ 이방 선교의 중심지였던 수리아 안디옥

안디옥은 세계를 제패했던 헬라 제국의 알렉산더 대왕이 죽은 후(BC 323년) 시리아 일대를 장악한 셀루커스 니카도르 1세(BC 304–280년 재위)가 부친인 안티오쿠스를 기념하기 위해 세운 도시이다. 이 왕조의 대부분 왕들은 안티오쿠스라는 이름으로 통칭되었기 때문에 안디옥이란 도시가 무려 16곳이나 생겼다. 이중에 수리아의 안디옥은 지중해 동북쪽 끝지점으로 오론테스 강구에서 32km 북쪽으로 올라간 지점의 남쪽 해안에 소재하는 오늘날 안타키아이다.

실루기아가 외항인 안디옥은 스데반 순교의 결과 박해로 흩어진 예루살렘의 신자들이 와서 유대인들과 헬라인들에게 복음을 전했고, 교회를 설립한 곳이다(행 11:19–21). 바나바와 바울은 이곳에서 1년간 목회를 하였고, 교회가 성장된 후에는 선교사로 파송되었다(행 13:1–3). 베드로는 이 곳에서 외식으로 인해 바울에게 책망을 받았다(갈 2:11). 초대교회 일곱 집사 중에 니골라는 (행 6:5) 이곳 출신이나 후에 음행을 용납하는 이단자가 되었다(계 2:6, 15).

베드로 동굴교회 수리아의 안디옥

베드로 사도가 이 곳에 와서 선교하였다고 하여 베드로 동굴교회라고 부른다. 그리고 예수님의 모친 마리아도 말년에 한때 이 곳에 와서 살았다고 전하며, 교회가 있는 산등성의 자연암석에는 베드로상과 성모 마리아상이 지금도 남아 있다. 교회 유적은 안디옥 시내에서 동쪽으로 4km쯤 떨어진 실피우스 산(Mt. Silpius])으로 불리는 야산 중턱에 있는 베드로 동굴교회이다. 높이 13m, 넓이 9.3m, 길이 7m의 교회는 입구의 내실 바닥이 모자이크 십자가형으로 되어 있다. 교회 내부는 핍박자들의 공격을 피하기 위해 지하통로(굴)가 이리저리로 갈라져 있어 그 길이가 4km(10km설도 있음) 정도이며, 일단 적의 침공시에는 즉시 연락되어 모두 지하통로로 분산하기 때문에 체포하기가 매우 힘들었다.

핫투사(핫투사스)

◎ 헷족속 근원지인 핫투사의 아랫 도시

히타이트(성경에는 헷족속)족은 가장 먼저 철기 문화를 가진 족속으로 오늘날 터키 중앙부를 중심으로 카세레 말라티아 북부 시리아의 갈그미스, 알렙포, 하맛 등에 무적의 세력을 가지고 있었다. 그러나 BC 14세기경 전쟁으로 국력이 약해져 BC 1200년경 멸망하였다. 후에 이들은 이 곳에서 쫓겨나 가나안 지역으로 내려왔는데 출애굽한 이스라엘이 가나안에 들어올 때 이미 팔레스틴에 정착하고 있었다.

아라랏산

방주가 머문 아라랏산

아라랏산은 카스피해와 흑해의 중간인 반호수 북동쪽 100km 지점에 위치해 있다. 노아의 방주가 머물렀다고 전해지는(창 8:4) 이산의 봉우리는 해발 5185m나 되고 직경은 40km가 되는데 쿠르드인들은 이 산을 꼬이누(Koh-i-Nu, 노아의 산)라고 부르고, 터키인들은 아구리다라고 부르는데 그 뜻은 험한산이다. 이 외에도 타바리즈, 아르구리(아호라의 다른 이름) 등이 있다. 그리고 방주가머문 곳으로 전해지는 터와 노아 아내의 매장지로 알려진 마란드움, 노아가 포도농사를지었다는 곳 등이 이 산 주변에 있다.

노아의 방주가 머문 곳

하란

지금도 흙집을 짓고 사는 하란

하란은 메소포타미아 북부의 도성으로 오늘날 울파 남쪽 35km 지점, 니느웨 서북 385km, 다메섹으로부터는 북동 450km 지점에 위치한다. 유브라데강의 한 지류인 발리크강은현재의 하르단(Hardan)과 통한다. 하란은 갈대아 우르를 떠난 아브라함이 한 때 상당기간 동안 머물다가 가나안으로 내려가게 된곳이다(창 11:31-32). 이 곳은 또 라반의 고향이고, 야곱이 형을 피해 20년간 생활한 곳이다(창 27:43).

◎ 야곱이 양을 친 곳의 야곱교회 하란

◎ 하란의 성문과 성벽

갑바도기아 지역

기괴석이 있는 갑바도기아 지역

갑바도기아 지역은 동부 소아시아에 위치한 곳으로 그 경계는 시대에 따라 상당한 차이가 생겼다. 그러나 대체로 북동으로는 본도와 할리스강 상류의 산을 경계로 하고, 동으로는 갈라디아와 루가오니아, 남으로는 길리기아와 타우루스강을, 서로는 아르메니아와 유브라데를 경계로 한 지역을 말하는데 그 범위는 4000km에 달한다.

이 지역은 약 300만년 전에 있었던 지진의 활동으로 화산에서 뿜어나온 화산재는 응회암이라는 잿빛 암석으로 굳어졌고, 오랜기간 동안의 풍화작용으로 신비한 모양의 돌들로 변화했다. 이 암석지대는 오늘날 네브세힐(Ne vsehir), 카이막클리(Kaymakil), 젤베(Zelve) 사이에 있는 삼각지역이며, 그 중심은 괴레메(Goreme)와 위구릅(Urgup)이다.

지하도시 데린구유의 십자가교회

젤베 계곡의 버섯 바위들

갑바도기아 열기구

갑바도기아 우치사르 마을

비시디아의 안디옥

비시디아 안디옥의 상세도

① 아우구스투스의 신전 ② 바실리카
③ 교회 ④ 극장 ⑤ 비잔틴때 구조물 ⑥
목욕탕 ⑦ 도시문 ⑧ 분수대

⊙ 비시디아 안디옥의 막시무스 길

비시디아 안디옥의 폐허화된 고대 유적지는 악세히르의 남서쪽, 즉 오늘날 터키 중부의 얄바취(이스파르타 지방)에서 동쪽으로 약 3.2㎞ 떨어진 악세히르(Aksehir) 남서쪽의 폐허지이다. 성경에는 비시디아의 안디옥으로 부르나(행 13:14) 스트라보(Strabo)는 비시디아 근방이라고 했다. 안디옥은 얄바취 평원이 내려다보이는 자연적인 요새로서 잘 보호되어 있는 한 고원 위에 소재했다.

바울은 1차 전도여행 때 이곳 안디옥의 회당에서(행 13:14-43) 안식일에 유대인들과 헬라어를 사용하는 이방인들에게 설교하였다. 이때 많은 유대인과 유대교에 입교한 경건한 사람들이 바울과 바나바를 따랐다. 그러나 유대인들 중 일부는 시기가 가득하여 바울이 말한 것을 변박하고 비방했다. 또한 도시의 유력자들을 선동하여 박해하자 바울과 바나바는 발의 티끌을 떨어 버리고 안디옥을 떠나 이고니온으로 갔다(행 13:43-52).

로마 영토에 편입된(BC 25년) 이후 안디옥은 로마화의 중심이 되어 황제 예배 등도 일찍부터 행해졌다. 특히 안디옥은 비시디아의 로마화 과정에 있어

산업의 중심지였다. 셀레우코스 시대에는 정착한 큰 유대인 공동체가 있었다. 안디옥은 비잔틴 시대에도 중요한 도시로 남아 있었는데 4세기의 회당은 모자이크 장식 미술과 비잔틴식 무덤으로 유명하다. 십자군 전쟁 때에 요새로 이용되었다.

비시디아 안디옥의 비잔틴때 교회터

교회터 옆에 있는 회당터

비잔틴때의 교회터의 규모는 이 도시의 규모와 더불어 복음이 왕성했음으로 보여준다. 교회터 끝에는 침례터가 있으며, 지금은 돌로 된 바닥과 기둥 한개가 외로이 서있다.
회당터는 교회터 바로 옆에 있으며 바울 당시의 것으로 알려진다.

이고니온(꼬냐)

🔷 이고니온(꼬냐)의 오늘날 모습

이고니온은 소아시아 남부의 중앙에 위치해 있다. 시리아에서 에베소와 로마에 이르는 대로가 있는 도시로 현재는 터키 도청 소재지가 있는 꼬냐(Konya)이다. 해발 1000m 고지에 있는 이 곳은 헬라와 로마 제국 당시에 루가오니아의 수도였다. 비시디아 산맥에서 흘러내리는 강물로 비옥해진 아름다운 평야가 있어 곡식과 과일 산출의 중심지가 되었다.

이고니온은 터키에서 가장 이슬람색채가 강한 곳이다. 바울은 제1, 2차 전도여행시 이곳을 방문했다. 바울 일행은 이 곳에 와서 많은 이방인들에게 복음을 전하여 그들이 믿게 되었으나 반대하는 무리들이 바울 일행을 돌로 치려고 위협하자 루스드라와 더베로 가서 전도하였다(행 14:1-7). 디모데는 이고니온 출신으로 이 곳에서 칭찬받는 자였다.

🔷 이고니온의 바울 기념교회

루스드라

🔷 루스드라로 주장되는 클리스트라

루스드라의 이름은 초기의 역사에 의하면 루가오니아(Lycaomia)일 것이다. 루스드라는 터키 중앙 이고니온 북동쪽 32km 지점, 아나톨리아의 소금호수 남서쪽의 루가오니아 지방에 있는 고대의 유적지이다. 스테렛(J.R. Sterrett)은 1885년 루스드라가 루가오니아 지역의 이고니온으로부터 남북쪽 약 29km 지점에 있는 하툰 사라이(Hatun Srai) 북쪽에 있는 졸더라(Zoldera) 또는 조르둘라 휘익트(Zordula Huyuk)로 알려진 큰 언덕으로 보았다. 또다른 곳으로 하툰사라이에서 14km 떨어진 클리스트라(Klistra)로 이 곳은 바위를 파서 만든 비잔틴 양식의 교회터와 무덤이 있다.

바울은 루스드라에 와서 전도할 때 나면서부터 발을 쓰지 못하는 앉은뱅이를 고치는 기적을 행했다

🔷 루스드라로 주장되는 하툰사라이

(행 14:8-11). 그러나 그후 안디옥과 이고니온에서 온 유대인들의 선동에 의해 무리들에게 돌을 맞아 기절하여 거의 죽을 지경에 이른 후 구사일생으로 회생되어 이 곳으로부터 남동쪽으로 96km 떨어진 더베로 가서 복음을 전했다(행 14:19-21).

그리스와 섬 지역의 성지

성서와 관련된 유적이 있는 곳
- ● ▲ 꼭 가보도록 권하고 싶은 곳
- ● ▲ 권장하고 싶은 곳
- ✝ 특별히 관심있는 분만 가볼 곳
- 고딕체는 현재 지명
- ── 일반적인 성지순례 코스(기본)
- ── 상세한 성지순례 코스(추가)

마 게 도 냐

에뎃사 Edesa
Naousa
베뢰아 Veria
Lagadas
Konzani
테살로니가 Thessaloniki
아볼로니아
Katerini
Poligiros
Nea Potidea
Filippi 빌립보
드라마 Drama
Nigrita
암비볼리
네압볼 Kavala
Thasos
Athos
Toroni

Litohoro
Elasona
Meteora 메테오라
Ioannina Kalabaka
Tirnavos
Larisa
Igroumenitsa
Trikala
Limnos
니고볼리
Karditsa
Sofades
Arta
그리스
Farsala
Volos
Preveza
Lefkada
Amfilohia
Karpenisi
Skopelos
에게
Levkas
Agrinid
Lamia
Madoudi
Skiros
Mesologi
Nafpaktos
Amfissa
Ataladi
Livadia
Is. Evvoja
이탈리아
Patrai
안드레순교
기념교회
아 가 야
Thiva
Halkida
Aliveri
Zakinthos
Gastouni
Labia
Korinthos 고린도
아덴 Athens
Pireas
Loutsa
Pirgos
Krestena
젠그래아 Kehries
Andros
이오니아해
Ionian Sea
Tripolis
Nafplio
Kea(Tzia)
Tinos
Filiatra
Kithnos
Siros
Mesini
스파르타 Sparti
Kalamata
Paros
Naxo

아테네
지중해 (대해)
Mediterranean Sea
Hania
Pethimno Iraklion 이라클리온
로도섬
Los
Milos
뵈닉스
Pethimno
크레테섬
Is. Crete
AG. Nikolaos
살모네 해협
고르티스
Sitia
Vai
Stafion
라새아 라사이스
가우다섬
미항
산토리니섬
Is. Thira

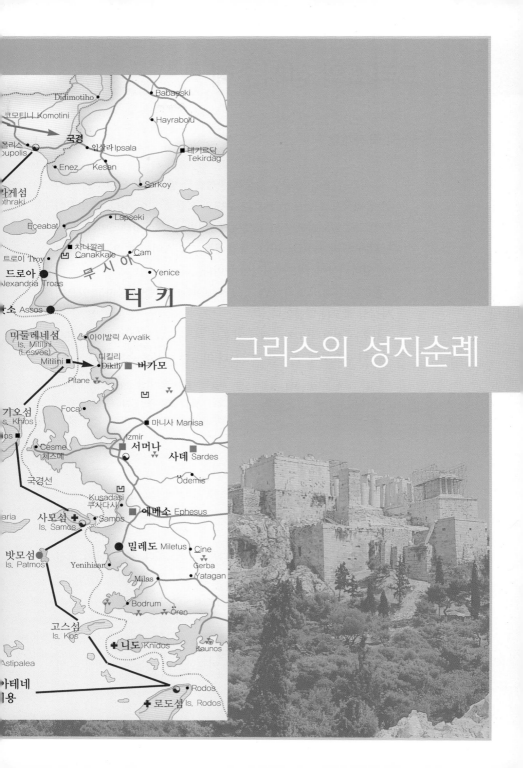

Didimotiho •
• Babaeski
코모티니 Komotini
국경
• Hayrabolu
폴리스
oupolis ○
인살라 Ipsala
테키르닥
Tekirdag
• Enez   Kesan

• Sarkoy
라게섬
othraki

• Lapseki
Eceabat •

차나깔레
무시아
Canakkale
• Cam

트로이 Troy
• Yenice
드로아
Alexandria Troas

소 Assos
터 키

미틸레네섬
• 아이발릭 Ayvalik
Is. Mitilini
(Lesvos)
디킬리
Mitilini ━▶ • Dikili
버카모

Pitane •

• 마니사 Manisa
기오섬
Is. Khios
ios •   Foca •

• Cesme   Izmir •
체즈메   서머나

국경선   사데 Sardes

• Odemis
Kusadasi
쿠사다시   에베소 Ephesus
aria   사모섬
Is. Samos   • Samos

밧모섬   밀레도 Miletus   • Cine
Is. Patmos   Yenihisar •
Gerba
• Milas   • Yatagan

• Bodrum   ▽ Oren

고스섬
Is. Kos

니도 Knidos
Astipalea
Kaunos

아테네
용
• Rodos
로도섬 Is. Rodos

그리스의 성지순례

1.국가개요

그리스는 유럽 남동부 지중해에 돌출한 발칸반도 남단부에 위치한 공화국으로 반도상 본토와 주변의 섬들로 되어 있다. 총면적이 한반도의 2/3 정도인 약 132,000㎢이며 수도는 아테네이다. 통화단위는 드라크마(Dr.)이다. 공용어는 그리스어이며 그 외에 터키어, 알바니아어, 아르메니아어 등이다.

종교는 전체 국민의 98%가 그리스(희랍)정교를 신봉하고 있으며 사실상 국교나 다름없다.

기후는 전형적인 지중해성 기후로 여름은 덥고 봄가을은 가벼운 자켓이 필요하다. 겨울은 서울보다 따뜻한 대신에 습하다.

월	1월	2월	3월	4월	5월	6월	7월	8월	9월	10월	11월	12월
최저	6	6	8	11	16	19	22	32	19	16	11	8
최고	12	13	16	19	25	29	32	32	28	23	18	14

2.여행일반

(1)시차

그리스는 터키와 같이 한국보다 7시간 느리다. 즉 한국이 오전 10시이면 아테네(아덴)는 이보다 전인 오전 3시가 된다. 썸머타임는 4월에서 9월까지 시행되며 시차는 6시간이 된다.

(2)교통 및 출입국

3개월 이내의 입국체재는 입국 카드만으로 가능하며 비자는 필요하지 않다. 주로 아테네의 헬레니콘 국제공항으로 입국한다.

렌터카를 이용할 경우에는 국제 또는 국내 면허증을 사용할 수 있는데 기간은 1년간 유효하다(단 밧모섬의 오토바이는 예외).

(4)통신 및 기타

전화는 최근들어 많이 개선되었으며 그리스에서 한국으로 전화를 걸려면 국가번호(0082)-지역번호에서 0을 뺀 번호(서울은 2)-상대방 전화번호로 하면 된다. 주한 그리스 대사관은 0030-210(아테네코드)-698-4080이다.

전압은 대부분이 220V를 사용하고 있다.

(5)경제

그리스는 제조업 기반이 취약하나 관광 자원이 풍부하며 해상운수 등 3차 산업이 발달했다. 그러나 유럽 연합(EU) 국가 중에는 소득 수준이 낮다. 통화는 유로화를 사용하고 있다.

(6)음식과 기타

야채와 과일은 풍부하며 일부 슈퍼마켓에서는 라면, 겨자, 우동, 미역, 버섯 등의 한국 식품을 구입할 수 있다. 어패류 역시 항구 등지에서 쉽게 구할 수 있다. 요리는 양고기와 야채 등을 기본으로 하여 올리브류와 향신료를 사용하여 만드는 것이 일반적이다.

화장품 이외의 생활 필수품들은 대부분 수입되기 때문에 될수 있는대로 한국에서 사용하던 것을 가져가면 좋다. 상점 개점은 요일별로 다르고 또 점심시간은 문을 닫기 때문에 살 물건들은 미리 구입하는 것이 좋다.

3. 가볼만한 성지(북동쪽부터 남쪽으로)

네압볼리

◉ 네압볼리 항구 원경

네압볼리는 터키 드로아 항구에서 바닷길로 185km
쯤 떨어진 곳이요, 빌립보까지는 16km의 거리에 있
는 오늘날 그리스의 까발라(Kavalla)라고 하는 항구
이다. 바울 당시 이 곳은 동서양을 뱃길로 잇는 교
통의 요지이고, 육로 역시 로마로 향하는 에그나티
아 대로(Via Egnatia)가 이 곳을 지나간다. 비잔틴
시대에 네압볼리는 크리스토우폴리스(Christoupolis)로 불렸으며, 터키 통치 시대부터는 까발라
로 변해 지금도 그렇게 불리고 있다. 바울은 제2차 전도여행때 드로아에서 환상을 보고 배를 타
고 이 곳 네압볼리에 도착하여 유럽 전도를 시작하였다.

네압볼리의 바울 도착기념교회(좌)와 항구 옆 바울 기념교회(우, 니콜라스교회)

네압볼리에는 바울의 네압볼리 도착을 기리는 바울 기념교회가 두 곳이 있는데 실제로 바울이
도착한 곳은 좌측에 있는 바울 기념교회이며 오늘날 항구 옆의 또다른 바울 기념교회(니콜라스
교회)가 있다. 항구 옆에 있는 교회 앞에는 바울이 네압볼리에 도착하는 성화가 새겨져 있다.

에그나티아 대로(Via Egnatia)

네압볼리에서 빌립보로 넘어가는 로마때 도로인 에그나티아 대로(Via Egnatia)

이 길은 로마인들이 만든 '로마로 통하는 길' 가
운데 하나로 로마의 아피아 가도까지 이른다. 돌
을 깔아 마차가 다닐 수 있게 만든 길로 지금은
현대 도로 건설로 네압볼리에서 왼쪽으로 있다.

빌립보

⬆ 아고라터 옆의 바실리카B

⬆ 빌립보 평면도

① BC4세기경 야외극장 ② 로마때 이집트 신의 신전 ③ 로마때 대지의 신인 퀴벨레신의 신전 ④ 5-6세기경 바실리카(교회) ⑤ 4세기 로마때 Heroon ⑥ 성밖에 있는 4-6세기경 바실리카(교회) ⑦ 4-6세기 교회 감독 거주 장소 ⑧ 8각형 건물 ⑨ 로마때 에그나티아 길 (Via Egnatia) ⑩ 상업 아고라(고대시장) ⑪ 박물관

⬆ 회당쪽에서 본 빌립보의 아고라터

빌립보는 에게해에서 16km 내륙으로 들어간 평지에 있다. 마게도냐 지방의 첫 성이라고 소개되는 이곳은 서쪽으로는 스트림몬강과 동쪽으로는 데스토스강을 경계로 한다. 빌립보의 옛 명칭은 크레니티이던 것을 마게도냐 왕 필립 2세(재위 BC 359-336)가 이 지역을 크게 확장하고 자기 이름을 따서 빌립보라고 바꾸었다.

성채는 오르벨로스 중앙 산괴(山塊)의 돌출부 위에 있고, 성읍은 그 아래 지역에 위치해 있다. 도시의 대광장은 에그나티아 도로 바로 옆에 있으며, 대광장의 북동쪽과 모서리에는 두 개의 대신전이 마주보고 서있다. 그리고 도서관 건물, 분수, 목욕탕 등이 많이 발굴되고 있다. 그러나 아직도 발굴되지 않은 광범위한 지역이 그대로 남아 있다.

자주장사 루디아는 빌립보에 살았고, 바울의 전도를 받고 제일 먼저 믿어 빌립보 교회의 초석이 되었다(행 16:11-15). 빌립보 교인들은 바울을 여러번 도왔고(빌 4:15-16), 로마 옥중에 있을 때에도 디도편에 위문품을 보냈다(빌 4:18). 이에 바울은 빌립보

서를 써서 그들을 위로했다.

⬆ 빌립보경내의 로마때 에그나티아 길 표지

⬆ 빌립보의 바울의 감옥

◉ 빌립보 세례터 순례객

◉ 루디아 기념교회

바울이 빌립보에 와서 선교활동을 할 때 기도처를 찾으려고 문 밖 강가에 나갔다고 했는데(행 16:13), 이 강은 간지테스강이요, 빌립보 시내에서 서쪽으로 1.6km 지점의 있었다. 간지테스강은, 그곳 사람들이 강이라고 부르지만 폭이 넓지 않아 내(川) 정도로 보이나 물이 많이 흐른다. 바울은 이 강가에서 루디아를 만나 세례를 베풀었는데 현재 이 강 옆에는 루디아 기념교회가 있다.

암비볼리

◉ 암비볼리 교회터

◉ 암비볼리 유적지에서 본 현대 마을

암비볼리는 빌립보 남서쪽 약 60km 떨어진 스트림몬(sterimon)강 유역에 있으며 에게해안으로부터는 내륙으로 약 4.8km 지점이다. 로마의 에그나티아 도로상에 있던 이 곳은 마게도냐 첫 번째 지방의 수도였다. 이 곳은 BC 480년 파사(페르시아)의 크세르크세스(아하수에로)의 침공을 받았는데 그는 침략시 이 곳에 다리를 놓고 강을 건넜다. 이 곳은 당시 아홉 길로 알려져 있었다.

현재는 수백명이 사는 작은 마을이지만 그리스와 로마 시대에는 공회당과 마차 경기장까지 있었던 큰 도시였다. 바울은 빌립보에서 석방된 후 데살로니가로 가는 도중 암비볼리아와 아볼로니아를 다녀갔다(행 17:1).

◉ 암비볼리 나루터
암비볼리에서 서쪽 아볼로니아로 가는 길에 있다.

◉ 암비볼리 박물관
이 곳에 있는 박물관에는 금으로 만든 면류관이 보관되어 있다.

◉ 나루터 옆의 사자상
사자상은 BC 4세기 경으로 이후에 이 곳을 지났갔던 바울도 이 사자상을 보았을 것이다.

아볼로니아

🔵 아볼로니아의 현대 교회

아볼로니아의 뜻은 '아볼로에 속한 곳'이다. 아볼로니아는 암비볼리로부터 48(44)km, 데살로니가로부터 61km 정도 떨어져 있는 볼레(Borle) 호수 남쪽에 위치해 있다. 이 곳은 오늘날 폴리나(Pollina)로 같은 이름을 가진 다른 아볼로니아 도시와 구별하기 위하여 믹도니아(Mygdonia)의 아볼로니아라고 언급한다.

아볼로니아에 마을이 형성된 것은 BC 432년으로 추정되며, BC 4세기의 것으로 입증된 동전들이 이 곳에서 발견되었다. 로마 제국 당시에는 주요 군사 및 상업 도로인 에그나티아 도로(Via Egnatia)에 접해 있었다. 바울은 암비볼리를 떠나 데살로니가로 가는 도중에 이 곳을 잠시 들렀으나 머물지는 않았다(행 17:1).

🔵 행 17:1이 새겨진 비마

오늘날도 이 곳 사람들은 바울이 지나면서 복음을 전했다는 장소를 소중히 간직하고 있다. 그래서 이 곳에는 바울이 바위 위에 서서 전도했다고 전하는 바위(비마)가 있으며, 바위에는 행 17:1의 말씀이 새겨진 대리석판을 붙여 놓았다. 그리고 비마 옆에는 현대에 세워진 바울 기념교회도 있다. 비마와 현대 교회 사이에는 로마때의 목욕탕 잔해 건물이 남아 있다.

🔵 아볼로니아의 비마(강단) 뒤로 보이는 건물은 로마때 목욕탕이다.

데살로니가

○ 데살로니가 해안가의 관광마차

○ 뒤로 에게해가 보이는 데살로니가 성벽

데살로니가는 현재 그리스 살로니카만에 위치한 옛 마게도냐의 중요 항구로 현재 데살로니키 도시이다. 살로니카(salonika)로 알려진 마게도냐의 중요 도시인 이 곳은 칼시데시 반도 서쪽에 있는 데르마이만에 있다.

바울은 디모데와 실라와 함께한 제2차 전도여행때 빌립보에서 암비볼리와 아볼로니아를 거쳐 이곳 데살로니가에 왔다. 이 곳에서의 전도는 교인이 생기는 반면에 핍박도 일어났다. 바울 일행에게 숙소를 제공했던 야손 일가는 큰 변을 당했고, 기독교인들은 로마 황제를 예배하지 않고 '예수라는 다른 왕'을 섬기는 자들이라고 고발당하였다. 그리하여 교인들은 바울과 실라의 신변을 걱정한 나머지 밤중에 다른 곳으로 피신시켰다(행 17:1-10).

○ 데살로니가의 디미트리우스교회

데살로니가에는 비잔틴 시대에 세워진 역사적인 교회들이 20여개나 남아 있다. 그 중에 대표적인 교회는 성 디미트리우스교회이다. 이 교회는 콘스탄틴 황제가 기독교를 공인하기 직전에 신앙을 위해 생명을 바친 순교 장소에 세워진 교회이다.

데살로니가의 상징인 화이트 타워

해안가의 알렉산더 대왕 동상

화이트 망대(The White Tower)는 15세기 이탈리아 베네치아인들이 세운 도성 방위벽의 일부였다. 1430년 오스만터키에 점령된 후에는 항구의 요새로 건설하여 주둔지로 사용하다가 후에는 감옥으로 사용되었다. 오늘날 이 망대는 데살로니가의 상징이 되었다.

데살로니가는 알렉산더의 고향으로 그의 동상이 이곳 해안가에 세워졌다.

베뢰아

◎ 언덕 위에 세워진 베뢰아 마을 원경

베뢰아는 데살로니가에서 남서쪽으로 약 80km 떨어진 곳의 베르미오 산(Mt. Vermio) 기슭에 자리잡은 마케도니아(마게도냐)의 한 도시이다. 베뢰아는 BC 5세기경에는 마게도니아 평원 남서쪽의 작은 도시로 정치적, 역사적으로 별로 중요하지 않은 곳이었다. 그러나 이 곳의 북쪽에는 로마와 소아시아 지역을 연결하는 로마때의 길인 에그나티아 대로가 놓여 있어 신약 시대에 와서는 번잡한 도시 중 하나가 되었다. 로마의 정치 사상가인 키케로에 의하면 이 곳은 로마 총독중 한 명이 잠시 동안 은둔처로 사용하기도 했다.

이 곳은 바울이 제2차 전도여행시 실라와 함께 데살로니가 다음으로 선교한 마을이다. 성경에 의하면 이곳 사람들은 데살로니가 사람들보다 신사적이어서 성경을 날마다 상고하였다고 기록하고 있다. 실제로 이곳 사람들은 바울의 전도를 잘 받아 사회적으로 저명한 헬라 여자들을 포함한 많은 신자가 생겼다. 그러나 이 곳에서도 데살로니가에서 온 유대인들에 의해 박해가 일어나자 바울은 혼자 아덴으로 향했다(행 17:10-15). 바울의 아시아 선교 동행자 중 부로의 아들 소바더는 베뢰아성의 출신이다(행 20:4).

바울이 말씀을 전한 베뢰아의 비마

바울이 제2차 전도여행시 실라와 함께 데살로니가에서 전도한 후에 들린 베뢰아에는 마을의 입구에서 굽어진 도로를 따라 마을 중심으로 약간 올라가면 바울이 말씀을 전했던 강단이 세워져 있다. 바울의 강단으로 불리는 이 곳에는 바울이 도착하는 모습과 말씀을 전하는 모습이 모자이크로 되어 있다.

◎ 비마 머릿돌

베뢰아의 회당터(행 17:10)

51년경 바울과 실라는 데살로니가에서의 핍박으로 이곳 베뢰아로 피신했다. 그들은 베뢰아

의 회당에서 전도했다. 오늘날 베뢰아에는 옛 회당터 위에 세워진 회당이 있고, 그 옆에 회당장 집터도 남아 있다.

◎ 회당장터

아덴(아테네)

⊙ **아크로폴리스에서 본 아덴의 오늘날 모습**

아덴(아테네)은 아티카 반도 중앙 살로니카만 연안에 위치하는데 동쪽은 히메토스산, 북동쪽은 펜델리콘산, 북서쪽은 파르니스산, 서쪽은 아이갈레오스산에 둘러싸인 평야가 살로니카만으로 기우는 지점에 자리잡고 있다. 옛 헬라(그리스)국의 수도요, 서양문명의 모태지인 고도 아덴의 수호신은 주신인 제우스의 머리에서 온 몸에 갑옷을 입고 태어났다는 아테나 여신이다.

역사적으로 아덴은 우상이 가득 찬 도시이다. 아덴 광장에 서 있던 공중 우상만도 300개가 넘었으며 기타 신상을 모두 합하면 3만을 헤아린다. 아덴 거리에서는 사람 찾기보다 신 찾기가 쉬웠다. 아덴은 또 학문의 도시이다. 철학과 문학과 예술의 중심지답게 이 곳은 소크라테스와 플라톤의 고향이며 아리스토텔레스, 에피쿠로스, 스토익파의 활동 무대였다. 아덴은 부도덕한 도시이다. 우상이 많은 곳에 음란이 많다. 당시의 우상 제사터는 사제들의 마음 소굴이었다. 아덴의 미술은 우상 제조에 있었고, 온갖 그림과 조각들은 음탕한 것이 소재가 되었다. 아덴의 철학은 공리공론의 궤변들이었다. 19세기에 아덴은 1만명도 채 안 되는 인구가 있었으나 지금은 아덴과 그 수도원에 그리스 인구의 1/30이 거주하는 그리스의 수도로 피레우스에서 키피시아에 이르는 거대한 대도시가 되었다.

아크로폴리스(아크로 아덴) 전경

아크로는 높은 지대에 있는 도시를 말한다. 고대의 도시들은 그 지역에서 가장 높은 곳에는 신전을 세웠다. 이곳 아덴도 예외 없이 아크로에서도 가장 높은 곳에 에렉시온 신전과 파르테논 신전이 있다.

아크로폴리스에 있는 파르테논 신전

파르테논 신전은 아테네의 황금기인 BC 500년경 아테네 중심부에 있는 바위 언덕으로 된 아크로폴리스에 세워졌다. 아테나 여신을 위한 신전으로 지어진 이 건축물은 폭이 30.8m, 길이가 69.5m, 높이 10.4m되는 46개의 도리아식 석주가 둘러있어 그리스 건축 예술의 백미를 이룬다. 특히 파르테논 신전의 어떤 부분도 기하학적 직선으로 되어있지 않다는 것이다. 육안으로는 잘 모르나 이 신전의 모든 부분은 예외없이 완만한 곡선으로 되어 있다. 이 파르테논 신전은 유네스코에서 지정문화재 제1호로 지정되었다.

아레오바고(행 17:22)

아레오바고는 아덴에 있는 바위가 많은 언덕으로 아덴시 아크로폴리스와 포닉스 사이에 약간 북쪽으로 소재한 113m정도의 언덕 바위인데 화성의 신이라고 불려지고 있다. 아레스의 언덕 또는 마르스의 언덕이라고도 부르는 이 곳을 일부 학자들은 아레오바고라는 명칭이 저주의 신 이라이에서 유래되었다고 한다. 그리고 아레오바고 언덕 북동쪽 기슭의 한 동굴에는 복수와 파괴의 여신인 아리이신의 신당이 있었다고 한다.

여기서 재판을 받은 최초의 사람은 제우스신의 아들로 전쟁의 신인 아레스(Ares)이다. 그는 아테네의 아크로폴리스 서편에 인접한 바위 언덕에서 재판을 받았는데 그 재판을 받은 곳을 '아레스의 언덕, 곧 그리스어로 아레오바고라고 부르게 되었다. 이런 유래에서 아레오바고는 원래 살인죄를 범한 사람을 재판하는 장소였다. 그러나 시간이 지남에 따라 아테네 시의회 의원이 모이는 장소가 되었다. 따라서 아레오바고는 바위언덕을 지칭하는 지명과 함께 아테네 시의회를 뜻하는 의미를 갖게 되었다.

사도 바울이 아레오바고(행 17:33)에서 설교한 것은 그 당시에 새로운 학설이나 사상을 발표할 때에 이 곳에서 주로 했기 때문이었다.

✙ 바울 논쟁(설교)문

디오누시오 기념교회(행 17:34)

디오누시오 교회는 바울이 아덴에서 전도할 때 복음을 받아들인 아레오바고 관원인 디오누시오를 기념하여 세운 교회이다. 디오누시오는 아덴의 제1대 감독이 되었다.

아덴에는 바울이 혼자 입성하였다. 그때 온 성에 우상이 가득함을 보고 홀로 궐기하여 전도하였다. 그러나 성과는 좋지 못했다. 이는 철학적으로 아덴시민을 대면하였기 때문이라고 평가하기도 한다. 그러나 그후 교회가 크게 왕성하여 바울의 전도로 믿은 아레오바고 관원 디오누시오가 제1대 감독이 되었고, 1453년 이후 콘스탄티노플이 함락된 후 동로마교회(그리스정교회)의 중심지가 되었다.

아레오바고에서 본 아고라(고대 시장)터

고대의 대부분의 도시에는 아고라라는 고대 시장이 있었다. 바울은 주로 대도시 중심으로 전도했으며, 도시에서는 회당과 아고라에서 많은 사람을 상대로 복음을 전했다. 이곳 아덴에도 아고라터가 있는데 그 규모는 다른 어떤 도시들보다 크다.

고린도

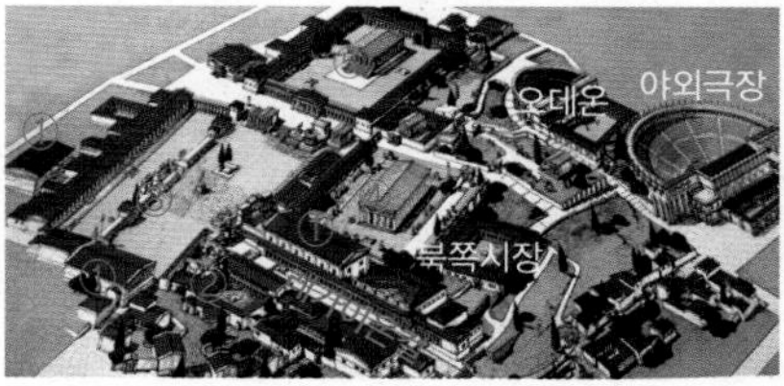

고대 고린도 복원도

고린도(행 18:1, 고전 1:2, 딤후 4:20)는 그리스 본토(남부 아가야 지역)에서 펠로폰네소스반도로 건너오는 길목에 있는 해발 566m의 돌로 된 언덕 도시이다. 아덴에서 80㎞ 남서쪽에 있는 고린도는 에게해로 진출하는 겐그레아 항구와 서편으로 아드리아해로 나가는 레기움 두 항구를 거느렸다. 고대 그리스의 지리학자 스트라보는 고린도를 '두 항구의 주인이 되는 부유한 도시'라고 불렀다. 현지인들은 역사적인 고린도를 파레오(Paleo) 고린도라고 불러 현대적 항구도시 고린도와 구별한다.

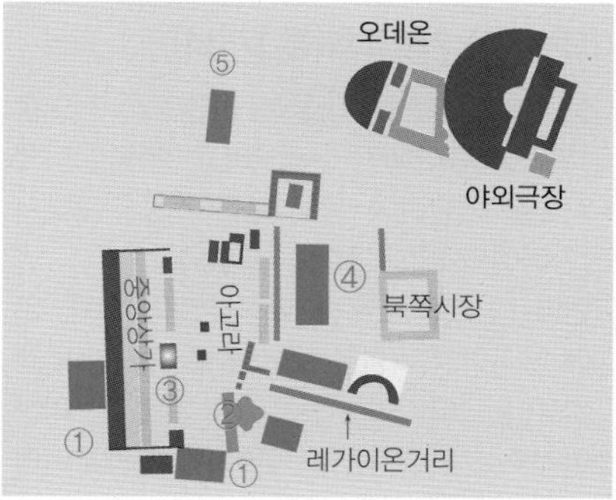

① 바실리카 ② 관가, 피레네샘 ③ 비마(강단)
④ 아폴로 신전 ⑤ 신전

고대 고린도 상세도

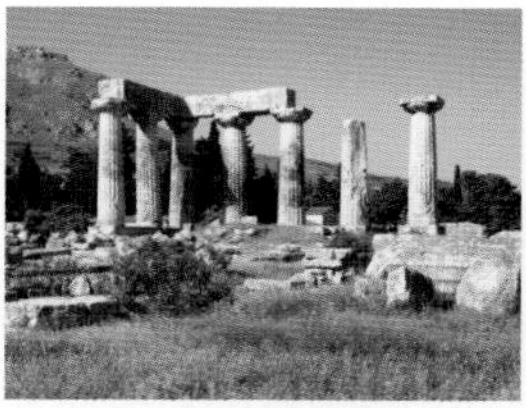

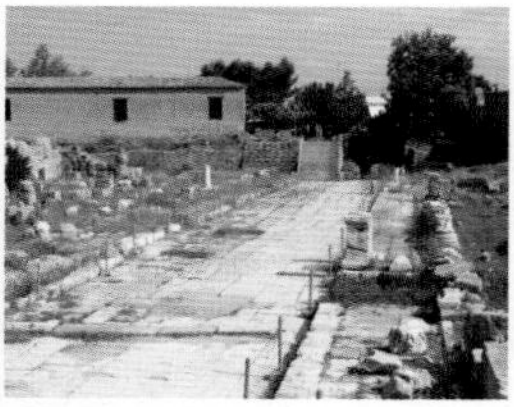

아폴로 신전과 레가이온 길

레가이온 길은 북쪽의 레가이온 항구로부터 고린도시 중심부로 곧장 이어지는 북쪽으로 난 길로 길의 폭이 6-7.5m이고, 견고한 석회암으로 포장되어 있다.

아폴로 신전은 BC 6세기경에 건축된 것으로 원래 원주 기둥이 38개나 있었는데 지금은 7개만 남아 있다. 원주의 높이는 7.2m이고 직경은 1.8m이다.

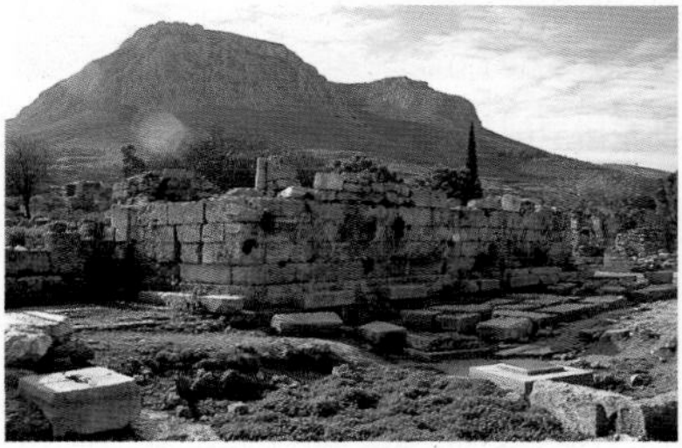

고린도의 아고라터에 있는 비마

바울이 끌려가서 재판받던 곳(행 18:12)은 비마(Bema)라는 곳이다, 비마란 총독이 연설할 때나 재판할 때 사람들을 내려다 볼수 있도록 돌로 만든 일종의 단이었다. 고린도에 있는 이 비마는 높이가 약 5m, 폭이 15m 정도의 큰 단이다. 바울 당시 고린도 총독은 갈리오(Gallio)였고, 동생은 네로 황제의 스승이었던 철학자 세네카였다. 갈리오의 고린도 총독 재임연대가 51-52년이니 바울의 선교 연대를 확인하게 된다.

에라스도의 이름이 새겨진 돌비

고린도 시장(아고라, Agora)과 야외극장을 잇는 돌로 포장된 길 사이에는 바닥에 새겨진 기록을 볼 수 있다. 라틴어로 새겨진 글자를 우리말로 옮겨보면 '에라스도가 사비로 이 길을 돌로 포장하였음'이란 글을 볼 수 있다. 자기의 공적을 돌 보도 위에 남긴 에라스도는 고린도시의 재무를 담당했던 고관(롬 16:23)으로 바울의 전도를 듣고 기독교로 개종하였다(행 19:22, 딤후 4:20).

'히브리인들의 회당'이라는 글자가 새겨진 석비
고린도 박물관, 지금은 GOGHBR이란 일부글씨만 남아 있다.

고린도 운하

그리스 본토와 페로폰네소스 반도를 뚫은 고린도 운하는 로마 시대에 네로 황제에 의해 계획을 세우고 직접 이 곳까지 와서 착공을 했으나 네로가 죽자 공사는 곧 중단되고 다시 착수하지 못했었다. 이후 19세기 말엽에야 운하 굴착 공사가 다시 재개되어 어렵게 개통되었다. 높이 79m에 달하는 암벽을 25m의 폭으로 자르는 난공사를 1893년에 완공하였다.

디올코스

이 운하가 개통되기 전에는 항해 거리를 단축하기 위해 고린도 지협을 돌로 포장된 도로를 만들어 배를 육지로 옮겼는데 이를 디올코스(Diolkos)라고 불렀다.

◐ 신고린도교회

옛 고린도교회 자리에는 원추형 돌기둥 셋이 남아 있다. 지금 고린도교회라고 하는 건물은 성모 마리아교회라고 하는데, 그 마당에 사랑의 비석이 서 있고, 고전 13장을 그리어, 영어, 스페인어, 러시아어로 새겨 놓았다.

바울은 고린도교회에 두번 편지를 써 보냈는데, 고린도 전서는 에베소에서, 고린도후서는 마게도냐에서 써서 보냈다. 그런데 고린도 전서 첫 머리에는 '고린도에 있는 성도들'에게 문안하였으나 고린도 후서에서는 '고린도의 성도뿐 아니라 아가야에 있는 모든 성도들에게'도 안부를 전하였다. 이로보면 결국 바울이 첫 번째와 두 번째 편지를 보내는 사이에 고린도에서 아가야 전역으로 복음이 확장되어 나갔다고 믿어진다.

겐그레아

🔵 바울이 머리를 깎은 겐그레아의 교회터

겐그레아는 고린도 동남쪽 10km 떨어진 곳의 그리스 남쪽 사론만에 있는 항구였다. 그리스 지리학자 스트라보는 겐그레아가 고린도에서부터 약 10km 떨어진 곳에 소재하는 항구인데 동쪽에 고린도인들의 해군기지가 있었으며, 아시아와의 무역항이었다고 기록하였다. 바울은 겐그레아에서 유월절을 지키기 위해 수리아로 행하기 전에 그의 서원을 이행하기 위해 머리를 깎았다(행 18:18). 그리고 고린도에 머무는 동안에 겐그레아에 교회를 세웠는데 뵈뵈는 이 교회의 집사였다(롬 16:1). 그는 많은 겐그레아 지방 여행자들의 보호자와 후원자 역할을 했다(롬 16:2).

니고볼리(니코폴리스)

🔵 니고볼리의 초기 기독교인의 성벽

니고볼리의 뜻은 '승리의 도시'이다. 니고볼리는 아우구스투스가 그리스 서부 해안에 있는 암브라시옷트만(Ambraciot Gulf)에 건설한 고대 그리스 나라 중에 하나인 에피루스(Epirus)의 수도이다. 오늘날 지명도 니코폴리스(Nicopolis)이며 니오호리(Niohori)라는 작은 마을이 형성되어 있다.

바울이 전도여행 중에 아데마 혹은 두기고를 그레데에 있는 디도에게 보낼 때 디도로 하여금 겨울을 보내기로 작정한 니고볼리로 오도록 했다(딛 3:12). 이 니고볼리는 89년 도미티안 황제에 의해 로마에서 추방당한 에피테투스 철학자가 거주한 곳이기도 하다.

BC 31년에 있었던 악티움(Actium) 전쟁의 야영지이기도 한 니고볼리는 로마의 아우구스투스 황제가 마크 안토니(Mark Antony)에게 승리한 것을 기념하기 위해 에삐루스의 수도로 건설되었다. 이 곳은 아우구스투스 황제가 창설한 악티움 경기가 열리는 것으로 유명했다.

바실리카(회당식 교회)A

바실리카(회당식 교회)B

섬 지역의 성지순례

1. 밧모섬

밧모(파트모스)섬

요한 계시동굴에서 본 스카라 항구가 보이는 밧모섬

밧모섬은 에게해에 산재해 있는 3000여 섬 가운데 하나이다. 터키의 서해안 쿠사다시(Kusadasi, 에베소의 외항격)에서 동쪽으로 약 60km 지점이고, 그리스의 아테네에서는 동쪽으로 약 250km 떨어진 곳에 위치한다. 지리적인 위치로는 터키에 훨씬 가까우나 에게해의 다른 섬들과 마찬가지로 현재 그리스에 소속되어 있다. 섬의 크기는 남북이 약 16km, 동서로는 넓은 곳이 약 10km이고, 중간 부분은 잘록하여 불과 1km 정도 밖에 안된다. 해안 굴곡이 심하여 주위 둘레가 약 60km이고, 면적은 우리 나라 영종도의 크기와 거의 같은 34km²이다.

밧모섬은 초기에 도리아인에 의해 식민지가 되었고, 로마의 식민지가 된 후에는 정치와 종교의 중범자들의 유배처가 되었다. 예수의 제자 사도 요한은 도미시안(Domitian) 황제때 이 섬으로 유배와서(95년경, 계 1:9) 18개월(3년 혹은 15년)간 유배 생활을 하다가 96년 에베소로 귀향했다고 전한다.

1088년에는 산 꼭대기의 아르테미(아데미) 신전터에 성 요한 수도원이 세워졌다. 그리고 이 수도원 아래 산 중턱에는 사도 요한이 계시를 받았다는 계시 동굴이 있다. 이 곳에서 가장 큰 마을은 섬 중앙의 고지대에 있는 호라(Hora, Chora) 마을로 집들은 거의 흰색으로 되어 있고 섬 전체 인구의 절반이 이 곳에 산다.

① 요한 수도원 ② 요한 계시동굴 ③ 사도 요한이 세례를 베푼 곳

① 섬 중앙에 있는 호라 마을 뒤 언덕 정상에는 난공불락의 요새같은 성이 버티고 있는 **요한 수도원**이 있다. 이 수도원은 1088년 수도자 크리스토둘러스(St. Christodoulos)가 요한을 기념하여 세웠고, 이 지역에 자주 출몰하는 해적들의 공격을 막기 위하여 요새화하였다. 이 위치는 본래 그리스 여신 아르데미스(Artemis, 아데미) 신전이 있었던 곳이라고 전한다. 이 수도원에는 값진 보물과 희귀한 성경이 많은데, 특별히 500년대에 기록한 마가복음은 매장 첫 글자를 순금으로 썼고, 나머지는 은으로 썼다. 그리고 해상무역으로 큰 돈을 번 상인들은 안전한 항해를 기원하며 많은 보물을 기증하여 엄청난 보물이 있다고 한다.

② 이 요한 수도원 아래 산중턱에는 요한이 께시를 받았다고 전해지는 **계시동굴**(Grotto of St. John)이 있다. 이 요한 계시동굴에는 요한과 그의 제자 브로고로 집사를 그린 성화가 걸려있으며, 동굴 제일 안쪽 벽면 1m 높이에 사람 손만한 크기의 흠이 파진 곳이 있는데 이는 요한이 엎드려 기도하고 일어날 때 손을 잡고 일어나면서 패인 것이라고 한다.

③ 스카라 항구 옆의 바닷가에는 **사도 요한이 세례를 베풀었다고 장소**가 있으며 그 옆에 기념교회도 세워져 있다.

2. 멜리데섬

멜리데섬의 발렛타 항구

○ 바울 항구라 불리는 오늘날 몰타(멜리데섬)의 발렛타(Valletta) 항구

멜리데섬은 이탈리아 남부 시실리섬 남쪽에서 약 100km, 아프리카까지는 약 340km 지점에 있는 작은 섬이다. 현재는 말타(Malth)라고 불린다. 영국으로부터 독립한 이 섬의 길이는 약 29km, 넓이는 13km, 높은 곳은 해발 258m 정도이다. 남서쪽은 바다와 급경사를 이루는 가파른 절벽이고, 북동쪽 해안에는 크고 작은 만이 많이 있다. 최대의 항구는 현재 발렛타시가 자리잡은 곳인데 바울의 이름을 따서 성 바울만으로 부른다. 멜리데섬은 바울을 태운 배가 로마로 항해하던 중 난파를 당해 기착한 곳으로 판단되며, 발렛타에서 섬 북서쪽 끝을 향해 12.9km 지점에 있다. 바울은 금식 절기가 지난뒤 그레데의 미항을 떠나 항해 중에 난파를 당하여 14일간 표류한 끝에 멜리데에 상륙했다(행 28:1).

멜리데는 제1차 세계대전이 끝난 이후에 영국의 영토가 되었다가 지금은 독립하여 말타(몰타) 공화국이 되었다. 오늘날 이 곳에는 바울이 도착한 지점에 세워진 바울 동상과 바울이 뱀에 물린 곳에서 세워진 바울피난교회, 바울이 3개월 동안 죄수로 지냈던 곳에 세워진 바울 기념교회, 보블리오를 만난 곳에 세워진 바울 기념교회 등 바울과 관련된 기념교회들이 많이 있다.

○ 바울 동상

풍랑을 만난 바울 일행이 도착한 멜리데섬의 바울섬
섬 꼭대기에 바울 동상이 세워져 있다.

바울 피난교회

겨울에 이 섬에 도착한 바울이 불을 피우자 독사가 나와 물었으나 죽지 않은 그 장소에 세워진 바울 기념교회이다(행 28:3-5).

바울 기념교회

바울이 보블리오를 만난 곳에 세워진 기념교회이다. 성경의 기록대로 주위는 지금도 밭으로 되어 있다(행 28:7).

◐ 바울이 3개월 지낸 곳의 바울 기념교회

바울은 로마로 압송되어 가는 도중 그가 탄 배가 지중해의 그레데섬 해안을 따라 항해하다가 유라굴로라는 광풍을 만나 14일간 표류하게 된다. 그러나 하나님의 말씀대로 선원 276명 전원이 멜리데섬에 무사히 상륙하였다.

한편 바울은 섬에 머무는 동안 열병과 이질에 걸린 보블리오의 부친과 여러 병자들을 고쳐주었다(행 28:8-10). 이곳에 세워진 보블리오 기념교회는 멜리데섬의 추장인 보블리오가 파선당한 바울 일행을 잘 대접해 준 것을 기념하여 세운 것이다. 보블리오는 바울이 난파당한 후 도착한 멜리데섬에서 가장 높은 사람으로 그는 난파당한 바울과 선원들에게 친절히 대접하였고 그들이 떠날 때도 필요한 물건들을 제공해 주었다.

멜리데섬의 보블리오 기념교회

교회는 발렛타시에 있으며 보블리오는 이 곳의 초대 감독이 되었다.

발렛타 항구에 있는 요한 기사단 성채

로도섬에서 오스만 터키군에게 쫓긴 요한 기사단은 이 곳으로 도망와 요새를 건축했다.

3. 그레데섬

라새아

라새아의 현대 마을과 해안가

라새아는 그레데섬 남쪽 해안에 있는 항구 도시로 라사이아, 알라사, 달라사 등으로 소개되었다. 이는 이 곳이 잘 알려진 곳이 아니었고 지리학자들도 별로 언급이 없었기 때문일 것이다. 1850년 지중해 일대를 조사한 스프레트 선장은 페어레이븐스 근처 해안에서 고대 유적들을 발견하였는데, 그것들이 라새아였던 것으로 보인다. 아마 라새아는 단지 조그만 해안 성읍에 불과했을 것이다. 이 라새아는 바울의 로마행 여정안에 미항과 함께 언급되고 있다(행 27:8). 현재 이 곳은 라사이아 마을로 20여 가구가 형성되어 있으며 해안은 해수욕장으로 사용되고 있다. 이 마을 옆에 옛 유적지가 있다.

미항(행 27:8)

이름 그대로 아름다운 모습의 미항 항구

이전에는 바로 동쪽 해안을 미항으로 보았으나 지금은 서쪽에 있는 이 항구로 보고 있다. 비록 입구는 좁지만 물이 깊고 주위가 높은 지역으로 되어 있어 풍랑을 피하기에 안전하여 필자는 이 곳을 미항으로 보고 있다. 그러나 성경의 기록대로 장기간 체류하기에는 불편하다.

미항으로 내려가는 길(좌)과 바울 동굴(우)

바울이 탄 배가 미항에 정박해 있는 동안 바울이 잠시 기도했던 동굴로 전해진다.

라새아에서 미항쪽을 바라본 모습

뵈닉스

뵈닉스 항구 근경

뵈닉스의 장소에 대해서는 의견의 차이가 있으나 일반적으로 지중해 그레데섬 남쪽 해안의 미항 서쪽으로 보고 있다. 이집트의 지리학자인 프톨레미는 해안에서 1.5km 정도 튀어나온 작은 바위 투성이로 된 무로스곶(Cape Meouros) 근처의 한 지점을 말하고 있다. 이 곳의 동쪽에는 항구가 있는 루트로(Loutro) 마을과 서쪽에는 비교적 큰 만이 있는 서쪽 부분으로 보고 있다. 그러나 일부 학자들은 동쪽 항구가 뵈닉스라고 주장하기도 한다. 이 서쪽 항구는 피네카(Phineka)라는 명칭을 가지고 있는데 '한편은 동북을(남서풍), 한편은 동남을(북서풍)' 향했다고 하는 행 27:12의 형세에 대한 기술은 서쪽을 향하고 있는 것을 의미한다. 오늘날 뵈닉스 서쪽은 방치되었으며 6세기때 발생한 지진으로 인해 기반이 올라왔다. 바울 당시 서쪽 항구는 깊고 매우 안전했기 때문에 선장은 이 곳에서 풍랑이 심한 겨울을 보내려고 했다(행 27:12).

⬆ **유적지의 뵈닉스교회터(좌)와 항구 옆에 있는 그리스정교회(우)**

살모네(Salmone) 해안

살모네는 그레데섬의 동쪽에 있는 오늘날 케이프 시데로(Cape Sidero)로 불리우는 갑으로 인정된다. 지명의 뜻이 '흘러간다'인 이 곳은 로마로 압송되어 가던 바울과 그 일행이 탄 배가 에게해에서 불어오는 역풍을 피하기 위해 이 곳 갑을 지나 그레데섬 남쪽 해안을 따라 항해한 곳이다(행 27:7).

고르티스

디도 무덤교회
그레데섬 고르티스

수도가 고르티스에서 이라클리온으로 옮겨질 때 디도의 유골과 유물도 함께 옮겨졌다. 그래서 디도의 유골은 이라클리온에 있다.

가우다섬(행27:16)

바울이 풍랑을 만나 거루를 잡은 가우다섬

가우다섬은 그레데섬 남쪽에 있는 작은 섬으로서 그리스의 최남단에 위치해 있다. 오늘날의 그리스어로는 가브도스(Gavdos)라고 하며, 이탈리아어로는 고조(Gozzo)라고 한다. 이 곳을 가기 위해서는 그레데 남쪽에 있는 스파키온(Sfakion) 항구에서 배를 타야한다.

살라미스(살라미)

구브로 살라미의 야외극장

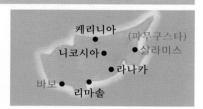

살라미(살라미스)는 바보와 함께 구브로섬의 동쪽 연안 파무구스타만에 임하는 중요한 항구로 파디아스(Padias)강구의 북쪽에 위치한다. 이곳 역시 바보 항구처럼 일찍이 베니게(페니키아) 식민 통치에 의해 설립된 곳으로 BC 400년경 에바고라스가 구브로의 대부분을 지배하기에 이르러 살라미를 수도로 정했다. BC 58년에는 로마의 지배에 속하였고, 그 시대의 상업도시로서 번영하였다. 바나바와 바울은 제1차 전도여행때 구브로섬 전도를 목표로 이 항구에 상륙하였고, 이 섬에 있는 유대인의 회당에서 전도하였다(행 13:5). 헤롯왕이 이 섬에서 구리를 채굴했기 때문에 유대인이 이 곳에 많이 이주해 있었다. 바나바는 이 곳 출신이며, 또 이 곳에서 유대인 폭동에 몰리어 매맞아 순교하였다고 전해온다(바나바 행전 22~23장 참조).

○ **바나바 무덤교회(상)와 바나바 수도원(교회)(하)** 구브로섬의 살라미

바나바는 살라미 출생으로 말년을 이 곳에서 보낸 후 이 곳에 장사되었다.

○ **신전터 앞의 아고라 터에 남아 있는 석주기둥(좌)과 지중해가 보이는 살리미 성벽(우)**

○ **라나카에 있는 나사로 무덤교회**
나사로는 이 곳에서 전도하다 죽었다.

바보

고대 성채에서 본 구브로섬의 바보 항구

바보(Paphos)는 지중해 동쪽에 있는 한때 구브로섬의 수도였던 성읍으로 이 섬의 남서부 연안 평원에 소재한다. 이 곳은 옛날 베니게인에 의해 형성되었다. 바보는 구바보와 신(新)바보로 구분되는데 바나바와 바울이 선교차 방문한 곳은 신바보(new Paphos)로 현재는 파포스(Paphos)이다. 이 곳은 로마 시대때 이 섬의 수도였고, 로마의 지방 총독의 주재지로서 바울은 총독 서기오 바울에게 복음을 전했다(행 13:6-12).

바보에 있는 바울 채찍교회와 바울 기둥

바울이 40에 하나 감한 매를 맞은 곳으로 바울은 앞의 대리석 기둥에 묶여 채찍에 맞았다고 전해진다. 뒤의 교회는 바울이 채찍에 맞은 것을 기념하여 세운 바울 채찍교회로 영국 성공회 소속이다.

○ 왕들의 무덤(상)과 카타콤(하)

로도스 항구

로도섬의 옛 항구인 만드라키 항구

로도섬은 고스섬 남쪽으로 85km 정도, 소아시아의 해협으로부터는 약 17km 떨어져 있는 지중해의 작은 섬이다. 이 로도는 섬 이름인 동시에 항구 이름이기도 하며 그 이름의 뜻은 '장미꽃'이다. 섬의 크기는 에게해에서 그레데 다음가는 섬으로 너비 67.2km, 길이 27.2km가 된다. 이 섬은 비옥한 토지에 온화한 기후로 농산물과 실과가 많이 생산된다. 페르시아로부터 독립한 로도는 BC 408년 옛날의 세 개 도시가 합쳐져 새로운 로도시가 섬의 북동쪽에 형성되었다.

로도시 근처에는 고대 7대 불가사이 중 하나인 헬리오스 (Helios) 거상이 세워졌었다. 오늘날 로도는 사모스섬, 산토리니섬과 더불어 가장 경치가 좋은 곳 중의 한 곳으로 여름철에는 수많은 관광객들이 찾아온다. 특히 성수기에 방문하려면 숙박 예약은 필수이다. 로도는 아덴에서 비행기편이나 배편으로 이용할 수 있다.

린도스 항구

바울이 하루를 머문 린도스 항구

로도섬은 바울이 예루살렘 상경 도중 잠깐 들렀던 곳으로(행 21:1), 바울이 도착한 섬 동남쪽 린도스에는 바울이 도착한 것을 기념하기 위해 세운 바울 도착기념교회가 세워져 있다.

○ **바울 도착기념교회**

○ **로도섬의 로도시에 있는 소크라테스 거리의 야경** 거리에는 골동품 상점들이 있어 관광객들이 즐겨 찾는다.

고스섬

◉ 아폴로 신전에서 본 고스섬의 아스클레피온

고스섬은 터키의 밀레도 항구에서 남쪽으로 68km 거리에 있는 비옥한 에게해의 작은 섬으로 지금은 스딘키오(Sdingio)라고 부른다. 이 곳에는 아스클레피온 신당이 있었고 이 신당 근처에는 큰 의학교가 있는데, 이 학교에서 해부학과 병리학에 관한 유명한 참고품에 많이 진열되어 있었다. 바울은 3차 전도여행을 마치고 예루살렘으로 귀환하는 도중 밀레도를 떠나 이 곳에서 일박하고 이튿날 로도섬으로 향했다(행 21:1). 이 고스섬은 의학자 히포크라테스의 출생지인 까닭에 의학교가 설립되었고, 화가 아펠테스(Apeltes), 시인 필레테스(Pilletes) 등을 배출한 곳으로 유명하다. 이곳 아스크레피온에는 대신전을 비롯하여 그 옆에 작은 신전터와 언덕 위로 아폴로 신전의 제단이 아직 남아 있다. 그리고 신전 아래에는 로마때의 공중 목욕탕이 있었다. 옛적에는 고운 직물과 포도주가 명물이었으며 지금은 밀을 위시하여 많은 농산물이 생산된다.

아폴로 신전(상)과 꼬마관광열차(하)   아골라터(상)와 히포크라테스 나무(하)

7. 사모(사모스)섬

사모스(사모)섬

🔵 사모섬의 북쪽에 있는 사모스 항구 전경

사모스(Samos)섬은 터키 트로길라온 갑에서 1.6km 지점에 소재하며, 에게해 동남부와 이오니아 제도 중의 한 섬으로 에베소 남서쪽, 밀레도의 북서쪽에 위치해 있다. 이 섬은 동서의 길이가 43km, 가장 넓은 곳은 24km 정도이다. 사모스섬의 주요 도시는 바울 시대에 자유시였다. 오늘날 사모스섬의 인구는 4만명이 넘으며, 아테네에서는 비행기로 사모스에 갈 수 있다. 피레우스(Pireaus, 아테네), 까발라(Kavala, 네압볼리), 이라크리온(Icaria, 그레데) 등에서는 쾌속선으로 사모스에 도착할 수 있다. 이 섬은 포도주로 유명하다.

바울은 3차 전도여행을 마치고 귀환하던 중 기오를 떠나서 사모스섬에 들렀다가 그 다음날 밀레도로 갔다(행 20:15).

🔵 사모섬의 남쪽에 있는 피타고리온 항구

🔵 기둥만 하나 남은 헤라 신전터

🔵 피타고라스 동상
사모섬 남쪽 피타고리온은 수학자 피타고라스 고향이다.

🔵 쥬도코스피기 (Zoodochos Pigi) 수도원 옆의 작은 교회탑

기오(기오스)섬

🔵 기오섬의 기오(기오스) 항구

기오섬은 에게해의 동부 중앙 지역에 위치해 있다. 터키 본토에서 직선거리로 8km 밖에 안 되는데 그 사이에는 작은 섬들이 적절히 산재해 있다. 특히 바위산이 많은 기오섬은 남북이 51.2km, 동서가 12.8-28.8km에 이른다. 이 섬의 가장 큰 항구는 섬 이름과 같은 기오 항구로 오늘날 이름은 시오(Chio)이다. 바울 당시 기오섬은 로마의 자유시였다. 바울은 예루살렘 상경의 최후 노정에서 미둘레네로부터 남으로 항해하여 밤새도록 기오 맞은 편, 본토에 의지하여 정박하였다가 다음날 보다 더 넓은 바다를 건너 사모에 도착했다(행 20:14-15).

유네스코 지정 문화재 중의 하나인 네아모니 수도원

섬의 동쪽과 서쪽의 중간 지점쯤, 호라(Hora) 마을에서 15km 떨어진 곳에 네아모니(Nea Moni)가 자리잡고 있다. 네아모니 수도원의 건축술은 기오와 키프로스(Cyprus)에서만 만날 수 있는 우아한 8각형 스타일의 훌륭한 표본이다. 수도원의 중심부는 아무런 기둥도 없는 둥근 지붕의 정사각형으로써, 실내가 신도들을 압도하는 넓은 자유 공간으로 만들어져 있다.

미둘네네(미툴리니)섬

💠 **중세의 성채** 뒤로 에게해가 보인다.

미둘레네섬은 오늘날 레스보스라는 섬의 주요 성읍이다. 이 곳은 BC479년 페르시아의 지배로부터 해방되어 헬라인의 관할하에 있다가 델로스 동맹에 가입했는데, 두 차례나 동맹에 가입하였다가 탈퇴한 결과 이 성읍은 파멸 위기에 까지 이르렀다. 여러번 지배권이 바뀌다가 알렉산더 대왕에 의해 해방된 이 도시는 그후 프톨레마이오스 왕가와 셀류커스 왕가에 의해 계속 지배를 받았다. 이 곳은 바울의 3차 전도여행 노정 중 한 곳으로(행 20:14), 바울은 아가야로부터 수리아로 돌아가는 길에서(행 20:2) 그 동역자들은 앗소의 서해 연안에서 배를 타고 미둘레네에 들렀다가 다음날 출발하여 기오와 사모에서 각각 하루씩 들리고 그 다음날에 밀레도에 도착하였다.

모리보스
페트라
칼로니
안티쌰
Polichnitos
미툴리니
바테라   프로마리

사모드라게섬

💠 **사모드라게섬의 전경**

이 섬은 트라키아 해안에서 떨어져 있는 그리스 군도상의 에게해 동북부에 소재한 섬이다. 사도 바울은 제2차 전도여행때 네압볼리로 가는 도중에 이 곳을 방문했으며(행 16:11), 행 20:6을 보면 드로아로 돌아가는 도중에 아마 이 곳에 들렀을 것이다. 바울이 탔던 배는 사모드라게섬에 기항했는데 그곳은 현재 이 섬의 북서쪽에 있는 가장 큰 항구인 카마리오티사 항구였을 것이다. 초기 기독교 교회의 유적이 이 항구의 변두리에서 발견되었다.

파레오폴
카마리오티사
라코마
파키아 암모스

💠 **사모드라게섬 유적지 상세도**

① 초기 헬라때의 건축물 ② 밀레도인의 봉헌소 ③ 식당 ④ 미확인된 방 ⑤ 상점 ⑥ 니케 여신상이 있던 곳 ⑦ 야외극장 ⑧ 제단 ⑨ Hieron ⑩ 봉헌할 예물을 저장하던 곳 ⑪ 성가 댄서들이 있던 곳 ⑫ 둥근 지역 ⑬ 필립 3세와 알렉산더 4세의 봉헌소 ⑭ 프톨레미 2세의 신전 기념물 ⑮ Arisinoe 2세의 원형 건물 ⑯ Anaktoron ⑰ 도리아식 원형 건물

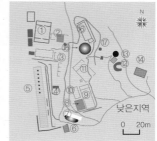

낮은지역

0   20m

이탈리아의 성지순례

이탈리아의 성지

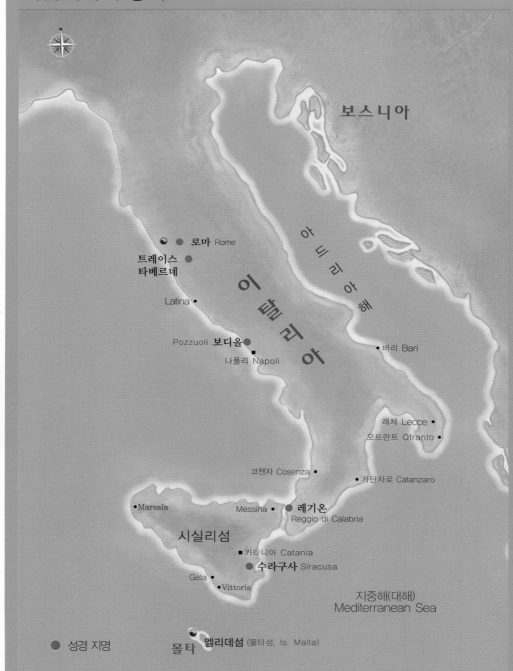

보스니아

아드리아해

이탈리아

로마 Rome

트레이스
타베르네

Latina

Pozzuoli 보디올
나폴리 Napoli

바리 Bari

레체 Lecce
오트란트 Otranto

코젠자 Cosenza
카탄차로 Catanzaro

Marsala
Messina 레기온
Reggio di Calabria

시실리섬

카타니아 Catania

수라구사 Siracusa

Gela
Vittoria

지중해(대해)
Mediterranean Sea

● 성경 지명

몰타   멜리데섬 (몰타섬, Is. Malta)

이탈리아의 성지순례

1.국가개요

이탈리아는 유럽 대륙의 남부 지중해에 돌출한 장화 모양의 이탈리아 반도와 시칠리아섬, 사르디니아섬을 비롯한 많은 섬으로 구성된 공화국이다. 면적은 남북한 전체의 약 1.5배에 달한다. 북쪽은 알프스를 경계로 유고슬라비아, 오스트리아, 스위스, 프랑스와 접하며 반도 중앙부에는 남쪽으로 전장 약 1300km의 아페니노 산맥이 달리고 있다. 국토 전체의 87%가 구릉이나 산악지대로 평야는 대륙부와 반도의 해안지역에 있을 뿐으로 적다.

2.여행일반

이탈리아는 공업이 주요 산업으로 선진공업국형의 산업구조를 이루었다. 지하자원은 빈약하지만 풍부한 문화유산과 지중해의 관광자원을 바탕으로 한 관광사업이 크게 발달하여 외국 관광객으로부터 얻어지는 수입이 국가 재정을 충당시켜 주고 있다.

가죽제품, 의류, 도자기, 종이 공예품 등이 유명하며 화폐단위는 리라이다. 국교는 가톨릭이며 한국과의 시차는 8시간 늦다.

기후는 지중해성 기후의 특징을 가장 잘 나타내는데 겨울에는 온대의 편서풍, 여름에는 아열대의 북동무역풍의 영향으로 연중 온난하며, 강수량은 겨울이 여름보다 많다. 이탈리아는 온대지역이지만 북부와 남부의 기후가 다르다. 여름은 똑같이 매우 덥지만 남부가 특히 덥고 건조하다. 겨울에는 북부지역이 매우 춥지만 남부와 시칠리아, 사르디냐는 전반적으로 온화하다.

월	1월	2월	3월	4월	5월	6월	7월	8월	9월	10월	11월	12월
평균	8	9	11	14	17	22	24	24	21	17	13	9

로마

🔵 성전 기물의 탈취 모습이 조각된 티투스 개선문, 포로 로마노 입구

🔵 콜로세움 옆에 있는 콘스탄틴 개선문

로마는 나라 이름도 되고 수도 이름도 된다. 도시로서의 로마는 현재 이탈리아의 수도이며, 옛 이베리아 반도의 중앙에 있는 로마 제국의 수도이다. 제국으로의 로마는 예수님 당시에 동으로는 유프라테스강, 서로는 라인강, 남으로는 지중해, 북으로는 동부 유럽에 미치는 광대한 영토를 소유하였고, 전성시대에는 유럽 대륙을 대부분 석권하였으며, 아프리카와 아시아까지 세력을 확장한 때도 있었다.

로마의 긴 역사에도 불구하고 로마에 대한 성경의 언급은 그렇게 많지 않고 지명으로서 로마에 대한 언급은 아주 적다. 그것은 로마의 역사가 신약 시대 이후의 것이 대부분이기 때문이다. 그러나 성경과 관련된 기념교회와 의미있는 기념물들은 많이 있다. 로마는 바울이 죄인의 몸으로 복음을 전한 곳이요 (행 23:11), 베드로 역시 복음을 전하다가 십자가에 거꾸로 매달려 순교한 곳이다.

🔵 베드로 대성당 위에서 본 로마

콜로세움 외경

콜로세움 내경

본래의 명칭은 '플라비우스가의 원형극장'이다. 베스파니우스때 기공하여 티투스 황제 80년에 성별되었다. 외벽은 3층이며 이오니아식, 도리아식, 코린트식 반원주로 장식되었다. 중앙 무대는 나무 바닥이며, 나무 밑 지하에는 동물들을 넣어 두었다. 5만명 정도를 수용할 수 있는 둘레 527m의 타원형 극장이다. 관람석은 방사선 계단식으로 되어 있다. 로마 시민의 여흥을 위해 수많은 인명이 이 곳에서 살상되었으며 초기 기독교인들이 이 곳에서 순교를 당했다.

로마 정치의 중심지였던 포로 로마노

고대 로마때의 길인 압피아 가도

포로 로마노(로마 공화정)는 베네치아 광장에서 콜로세움으로 가는 바로 남쪽에 있다. 고대 로마의 정치와 시민생활의 중심지였던 이 곳은 현재 풍우에 시달린 기둥, 무너진 벽, 머리가 없는 조각, 부서진 초석 등, 온통 폐허가 되었으나 거기에는 로마 제국의 2000년 역사가 간직되어 있다. 케사르와 안토니우스 등의 고대 로마의 영웅들이 활약한 흥망의 자취가 서려 있다.

포로 로마노 주위에는 바울과 베드로가 갇혔던 마메르틴 감옥과 수많은 초기 기독교인들이 순교를 당했던 콜로세움이 있고, 티투스 개선문이 있다.

압피아 가도는 로마에서 카푸아를 거쳐 부룬디시움까지 약 570km에 이르는 길로 감찰관인 아피우스 클라우디우스 카에쿠스에 의해 BC 312년에 만들어 졌기 때문에 그의 이름을 따라 명명되었다. 처음에는 카푸아까지만 건설되었으나 다음 세기 중엽에 부룬디시움까지 연장하여 건설되었다. 도로의 폭은 4m 밖에 되지 않았으나 로마 시대에는 현무암으로 포장된 중요한 군사와 산업도로였다. 스타티우스(Statius)는 이 도로를 가리켜 '길게 뻗은 도로들 중의 여왕'이라고 했다. 바울이 로마로 압송되어 올 때 이 길을 따라 들어왔음에 틀림이 없다.

로마내의 기념교회들

✛ 베드로 대성당 야경, 바티칸

베드로가 바티칸 언덕에 매장된 후 이 곳에 작은 기도처가 세워졌으며 326년에 콘스탄티누스 황제에 의해 다시 건축되었다. 현재의 모습은 1506년 율리어스 2세의 명령으로 새롭게 건축되기 시작하여 1626년 11월 18일 우르바누스 8세에 의해 라틴 십자가형의 건물로 헌당되었다. 건물의 규모는 전면 폭이 115m, 길이 119m, 돔까지 높이는 119m이며 내부 면적은 6천평 이상이다. 이 건축에는 브라멘테로부터 라파엘로, 미켈란젤로, 포르타, 폰타나, 마데르나 등이 참여했고 내부 장식은 베르니니가 담당했다. 1940-1949년 베드로 대성당의 지하에서 고고학적 발굴이 행해져 그곳이 베드로의 분묘임이 실증되었다.

✛ 쿼바디스교회

폭군 네로가 기독교인들을 극심히 박해할 때 베드로가 박해를 피하여 로마를 탈출하다가 이 압피아 가도에서 그리스도를 만났다. 그는 '도미네 쿼바디스?(주여, 어디로 가시나이까?)' 라고 물었더니 그리스도는 '나는 네가 버리고 가는 로마의 어린 양들을 위하여 다시 십자가를 지려고 로마로 가노라' 라고 대답하셨다. 이에 베드로는 충격을 받고 회개하면서 다시 로마에 들어가 관가에 출두하여 마침내 십자가에 거꾸로 매달려 순교하였다. 이 쿼바디스 기념교회(Domine Quovadis)는 그리스도께서 나타났던 곳에 세워진 기념교회이다. 당시에 찍힌 그리스도의 발자취가 산 스바티아노교회에 보존되고 있다. 이 사실을 테마로 하여 폴란드의 소설가 센케비치가 써낸 소설 「쿼바디스」는 유명하여 영화화되기도 했다.

✛ 바울이 순교한 곳에 세워진 세분수교회 앞에는 바울이 순교직전 걸어갔던 당시 로마때의 길이 있다.

✛ 바울이 마지막 순교 직전에 갇혔던 하늘계단교회 내부 교회 지하에 디모데후서를 기록했다는 감옥이 있다.

○ 베드로 쇠사슬교회 내부

베드로 쇠사슬교회(행 12:6-7)는 에우도씨아나 성당으로도 불린다. 이 교회는 8세기 말 하드리아누스 교황 1세 때 대규모로 확장된 후 중세 시대와 르네상스 시대에 개축이 이루어졌다. 이곳 중앙 아래에는 베드로가 로마의 마메르틴 감옥에 감금되었을 때 묶였던 쇠사슬과 팔레스틴에서 감금되었을 때의 쇠사슬 두 개가 달라붙는 기적이 일어났다고 전해지는 두 쇠사슬이 보관되어 있다.

○ 바울 무덤교회

성밖의 바울 교회라고도 한다. 오스티엔세 대성당으로도 불리는 이 교회는 로마에서 베드로 대성당 다음가는 큰 규모이다.
본 건물은 4세기에 콘스탄틴 황제의 뜻에 따라 축조된 이후 발렌티아누스 2세와 그외 몇몇 황제들에 의해 증축되었다. 이 교회 안에는 바울의 무덤 자리로 전해오는 곳이 있다.

바울이 갇혔던 **마메르틴 감옥**은 포로 로마노 바로 옆에 있다. 전승에 의하면 바울의 순교 시기는 62년 혹은 67년 네로 황제 때로 본다. 순교 장소는 로마 시내에서 6km 정도 떨어져 있는 오스티안으로 가는 도로변에서 목이 잘리는 참수형을 당한 것으로 전해진다.

○ 칼리스토 카타콤

카타콤이란 로마 정부가 기독교를 박해할 때 교인들이 비밀히 숨어서 신앙생활하던 지하 동굴교회이다. 본래는 교인들의 매장지(묘지)로서 출발되었다. "로마성 안에는 시신을 매장할 수 없다"는 고대 로마법 때문에 카타콤은 모두 성 밖에 있었다. 특히 로마로 통하는 압피아 대로(Via Appia)의 주변에 무려 15개처의 카타콤이 있을 것으로 추정된다. 당시 핍박을 받던 그리스도인들은 이 지하동굴에서 생활하다가 로마 군인들이 습격해 오면 지하묘지의 미로에 몸을 숨기고 달아났다. 그중 성 칼리스토 카타콤은 굴 통로가 총 20km에 달하며 그 통로는 구불거리는 좁은 공간이 사방으로 뻗어 나갔다. 특히 많은 카타콤 중에 도미틸라(Domi-tilla) 카타콤에 있는 교회는 길이 31m, 폭 17m 되는 엄청난 규모의 지하교회로 교회 내부 벽화의 성화들은 대부분 성경 내용을 주제로 그린 것인데 그 중에는 크리스찬을 물고기 모양으로 나타낸 표시도 많다. 이는 헬라어로 물고기라는 익투스(Ichthys)가 '예수 그리스도는 하나님의 아들 구원자'란 머리 글자와 같기 때문이다.

보디올(포오추리)

바울이 일주일을 머문 보디올 항구 전경

보디올(Putheoli)은 이탈리아 남부의 나폴리만에 위치한 오늘날 포오추리이다. 그리스 사모스섬 출신의 이주민들에 의해 세워진 이 도시는 고대에 유황을 수출하는 지역내에 있었으며 일찍이 철공업이 발달하여 무기에서 농기구에 이르기까지 각종 철 제품들을 대량생산했던 곳이다. 특히 곡물을 중심으로한 대형 상선들이 이 곳을 드나드는 동서교통의 요지 중 하나였다. 따라서 이 곳은 은행이 발달하여 소아시아의 5개 도시의 금융을 장악하고 있었을 정도였다. 근래에 아고라 (시장) 건물과 아우구스투스 황제의 신전, 고대의 원형극장 등이 발굴되어 옛날의 번영을 말해주고 있다. 바울은 로마로 압송되어 가던 길에 수라구사를 떠나 배로 이곳 보디올에 도착하여 이 곳에서부터는 압피아 가도를 따라 로마에 입성했다(행 28:13).

✪ 바울의 보디올 도착을 기리는 바울 기념교회(좌)와 그리스때 쥬피터 신전터(우)

레기온(레찌오)

바울의 로마 압송때 들렸던 레기온 항구

레기온은 이탈리아 남부의 한 항구 도시로 오늘날에는 레이오 또는 레찌오 칼라브리아라고 부른다. 이 곳은 메시나 해협에 위치해 있었는데 이 해협은 레기온에서 이탈리아 본토와 시실리섬을 11km 정도의 폭으로 갈라놓고 있다. 고대인들에게는 시실리가 지진으로 인하여 본토로부터 갈라져 나온 것으로 여기고 있는데 오늘날에도 화산이 분출하고 있다.

팔레스틴의 가이사랴에서 출발한 바울 일행은 지중해의 항해 끝에 이탈리아(육지)의 첫 기착지인 레기온에 도착했다(행 28:13). 그리고 보디올을 거쳐 압피아 가도를 따라 트레이스 타베르네에서 로마 성도들을 맞은 후 로마로 들어갔다. 레기온에는 항구에서 좀 떨어진 곳에 바울을 기념하는 바울 기념교회가 세워졌는데 교회 내부는 성경의 이야기들이 모자이크 되어 있다.

⬆ 레기온의 바울 기념교회

⬆ 레기온의 오늘날 모습

수라구사(시라쿠사)

◐ 수라구사 동쪽의 픽콜로(Piccolo) 항구

수라구사는 이탈리아 남부의 시실리섬 동쪽 해안에 있는 항구 도시이다. 시실리섬은 오늘날에도 화산이 폭팔한 섬이다. 이 섬의 수라구사는 희랍의 도시들 중에 오랜 역사를 지닌 가장 큰 도시임에도 불구하고 가장 잘 정돈된 도시였다. 이 도시에는 다이아나 신전, 미네르바 신전, 총독관저가 있었고, 유명한 샘인 아데투사가 있었다. 그리고 아크라디나라고 불리우는 본토지방에는 광장, 공회당, 원로원, 의사당, 올림피아의 유테피네 신전 등이 있었다. 그리고 3-4세기의 그리스도인들이 사용한 카타콤 등이 있다. 자연 경치가 매우 아름다워 오늘날에도 많은 관광객들이 모여든다.

바울은 로마로 압송되던 중에 멜리데섬에서 출발하여 이곳 수라구사에 3일간 머문 후 레기온으로 출발했다(행 28:12-13).

❀ 수라구사 시내에 있는 분수대

항구 옆의 바울 기념교회(두오모성당)

수라구사의 카타콤

수라구사의 아폴로 신전

수라구사의 야외극장

시실리섬 메시나(Messina) 앞에서 레기온으로 넘어가는 해협에 있는 기념탑

레바논과 시리아의 성지

터 키

오론테스강

• 갈레

알렙포 •

우가릿 •

• 딥사?

키프로스섬

하맛

아르왓 •
(섬)

• 홈즈

두라유로포스 →

마리 →

다드몰

비블로스(그발) •

레바논

• 바알벡

시 리 아

베이루트 •

지 중 해

• 안자

시돈 •

• 세이드나야

사르밧 •

두로 •

다메섹

요단강

요르단

이스라엘

이 집 트

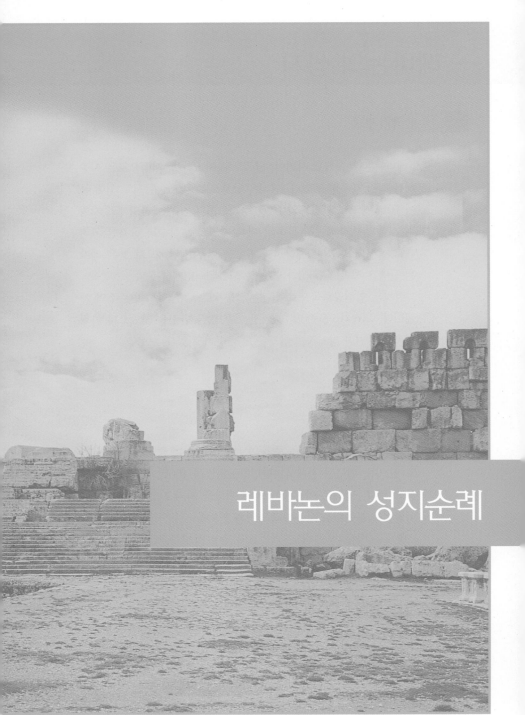

레바논의 성지순례

레바논의 성지

1.국가개요

레바논은 북쪽으로 시리아, 남쪽으로 이스라엘, 서쪽으로는 지중
해를 접경으로 하고 있다. 면적은 남북으로 210㎞, 동서로 최대 폭
이 70㎞ 정도로 한반도의 1/20, 경기도보다 작은 나라임에도 지형
은 서쪽의 지중해에서 동쪽의 내륙 지역으로 갈수록 급격한 고지
대로 형성되고 있다. 해안선과 평행을 이루며 남북으로 뻗은 레바
논 산맥은 해발 2000m가 넘는 봉우리만도 13개나 된다.

정치는 입헌공화국으로 삼권분립을 기초로한 의회 민주주의 체
제이다. 그러나 75~90년의 내전 이후 많은 안정을 찾았으나 아직
까지도 완전한 정치적인 안정은 되지 못하고 있다.

2.여행일반

현재 수도인 베이루트는 중동의 금융과 상업의 중심지 역할을 하
고 있으며, 인구는 전체 414만명(2011년) 중 150만 정도가 수도에
살고 있다. 민족은 아랍족이 90% 이상을 차지고 있으며, 언어는
아랍어를 공용어로 사용하고 영어와 불어를 사용하고 있다.

종교는 이슬람, 유태교, 기독교와 각종 동방종교로 다른 아랍국
가와는 달리 기독교가 상당한 수를 차지하고 있다.

기후는 뜨겁고 메마른 사막 기후를 가진 다른 중동 국가와는 달
리 레바논의 푸른 산과 더불어 지중해성 기후를 띄고 있다.

경제는 잦은 내전과 종교적인 갈등과 외세의 개입 등으로 매우
어려운 상태이나 점차 좋아지고 있다.

2. 가볼만한 성지

백향목 산지(Mkhadr)

므카드르(Mkhadr) 지역의 백향목

레바논의 백향목은 성경 시대부터 유명했다. 특히 두로 왕 히람은 다윗과 솔로몬에게 백향목을 제공하는데 호의적이었다. 그래서 레바논에서 벌목한 백향목을 두로 항구에서 뗏목을 만들어 이스라엘의 욥바 항구까지 띄운다음 욥바 항구에서 육로를 통해 예루살렘으로 운반했다.

백향목은 1500m 고지에서 가장 잘 자라는데 오늘날 레바논의 백향목은 일부 지역에서만 자란다. 그중에서 가장 대표적인 백향목 산지는 레바논의 수도 베이루트 북쪽에 위치한 비블로스(성경의 그발)에서 동쪽으로 23km 떨어진 므카드르(Mkhadr) 지역이다.

3천년 이상되는 것으로 추정되는 백향목

죽은 백향목

그발(비블로스)

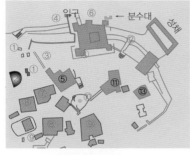

◆ 그발 유적지 상세도

◐ 성채에서 본 그발 유적지

성경에 나오는 그발은 오늘날 레바논의 수도 베이루트 북쪽 40km 지점의 지중해변에 있는 베니게(페니키아)의 한 도시이다. 지금은 레바네세 마을과 인접해 있는 지베일로 불리우는 이 곳은 바벨론 당시에는 구블라(Gubla)로 알려졌고, 헬라 제국때 그리스인들은 비블로스라고 불렀다. 특히 이 곳에서 발견된 아히림(Ahirim) 석관에는 22개의 히브리어 알파벳 자음이 새겨져 있었다. 그발은 가나안에 입주한 이스라엘이 여호수아가 죽기 전까지 정복하지 못한 땅으로 언급되었다(수 13:5). 그발인은 건축가와 선원으로 유명했다(겔 27:9).

① 왕 지하묘지 ② 야외극장 ③ 주랑이 있는 거리(로마때) ④ 도시 성채 ⑤ 바알 신전 ⑥ 십자군때 성채 ⑦ 아모리족의 돌 채석장 ⑧ 청동기때 주거지 ⑨ 주거지 ⑩ 왕의 우물 ⑪ 레셉(Resheph) 신전 ⑫ 도시문 유적 ⑬ 오벨리스크 신전

BC 19-16세기 바알(오벨리스크) 신전터

십자군때 성채

흔적이 없는 그발의 옛 항구터

저수조

시돈(사이다)

○ 비잔틴때 성채에서 본 시돈 항구

시돈은 두로 북쪽 약 40km 지점, 오늘날 레바논의 수도인 베이루트 남방 약 48km 지점에 있는 지중해 안 항구 도시이다. 지금은 사이다(Saida)라고 부르는 이 성읍의 북쪽에는 갑(岬)과 내륙으로 이어지는 낮은 암석지대로 쌓였으며 성읍 남쪽에는 큰 만이 있다. 예수께서는 두로와 시돈을 방문하였는데(마 15:21) 가나안 여인의 딸을 사귀에서 쫓아내 주었다. 또 고라신과 벳새다를 두로와 시돈에 비교하시며 두로와 시돈이 더욱 빨리 회개했을 것이라고 단정하여 말씀하셨다(눅 10:13-14). 그리고 로마로 호송되어 가던 바울은 이 곳에서 백부장의 선대로 친구들을 만난 곳이다(행 27:1-3).

○ 시돈에 있는 바울 기념교회 내부

바울은 로마로 압송되어 가는 죄수의 몸이었으나 바울의 호송을 책임진 백부장 율리오는 시돈에서 머무는 동안 바울이 시돈에 있는 친구들에게 대접받는 것을 허락했다. 오늘날 그곳에는 바울을 기념하는 교회가 시장안에 세워져 있다.

사르밧(사라판드)

○ 해안가 위치한 텔 사르밧의 원경

사르밧은 지중해 북쪽 오늘날 레바논의 해안항구인 시돈과 두로 중간 지점에 소재하는 소도시이다. 옛 이름은 사르밧이었던 것을 헬라인들은 사라판드라고 불렀다.
이 곳은 아합왕 때에 3년반 동안 비가 오지 않는 기간에 선지자 엘리야가 찾아가 사르밧 과부의 집에서 신세를 진 곳이다. 당시 이 곳의 한 과부는 가난하여 굶주린 상태에 있었으나 엘리야를 공궤한 인연이 있었다. 엘리야가 표적을 행하여 가루통과 기름병에서 가루와 기름이 다하지 않고 계속 나오는 기적을 베풀어 이곳 과부의 생활을 해결해 주었다. 그후 엘리야는 그 죽은 과부의 아들을 살려 주었다(왕상 17:1-24).

○ 현대 사르밧에서 본 모습

두로(띠로)

◎ 두로 상세도

입구
투기장
상업 중심지
물저장시설
모자이크길

◎ 히람이 세운 두로의 유적

두로는 악고 북쪽 45km 지점이요, 시돈에서는 남쪽으로 40km 되는 곳에 소재한 항구 도시이다. 베니게 최남단에 자리잡은 이 곳은 오늘날 반도에 위치한 수르를 가리킨다. 처음에는 팔레스틴 본토에 있는 두로 성읍과 그 맞은편 섬에 있는 두 성읍을 합해서 두로라고 했다. 그러나 두로의 중심 성읍은 섬에 있는 두로 성읍이다(겔 28:2). 바다 중심에 위치한 두로인들은 해상무역을 잘하여 부요해지자 적들의 침략을 위한 국방을 강화하고 많은 식민지를 거느렸다(겔 27:25 참조). 그러나 겔 26:14에서 예언한 대로 '부귀영화가 한 여름밤의 꿈같이 물속에 잠기고 그물 말리는 한적한 어촌이 되리라'는 말씀이 그대로 이루어졌다. 이 두로는 솔로몬왕 시대에 레바논산에서 찍은 백향목을 뗏목으로 만들어 지중해 남쪽에 있는 욥바로 보내는 수출 항구였다. 예수께서는 꼭한번 두로를 들렸으며(마 15:21-28). 두로 지방인들이 교만한 헤롯에게 아첨하여 백성을 효유하는 말을 할 때 헤롯이 교만하여 하나님께 영광을 돌리지 않다가 주의 사자가 쳐서 충이 먹어 죽는 일이 발생했다(행 12:20-25).

두로(띠로)의 현대 항구

두로의 항구로 가는 길

두로의 마차경주장(히포드럼)

두로의 로마때 목욕탕터

바알벡

🔵 바알 숭배지인 바알벡의 내경

바알벡은 오늘날 레바논의 수도인 베이루트 북동쪽 86km 지점의 고대도시이다. 레바논 산맥과 안티 레바논 산맥 사이의 베카 계곡 북부에 있는 이 곳은 로마인들에 의해 쥬피터 신의 예배장소로 사용되었다. 바알벡이란 명칭은 페니키아(베니게)의 신 바알의 이름에서 유래한 것으로 그리스인들은 헬리오폴리스(태양의 도시란 뜻)로 불렀다. BC 323년 알렉산더 사후 이 곳은 이집트 프톨레마이오스 왕조의 지배를 받았으며, 로마 시대에 바알벡은 로마의 시리아 식민지 중 가장 중요한 도시였다. 637년 아랍인의 지배를 받은 뒤 20세기까지 시리아의 이슬람 군주의 통치를 받았다. 로마 통치 하에서는 유피테르와 메르쿠리우스 신전이 건설되었고, 이슬람 시대에는 아랍의 건축물들이 많이 건축되었다. 지금은 1세기 중엽에 건축된 유피테르 신전과 그 남동쪽에 있는 박카스 신전은 거의 원형의 모습대로 보존되어 있다. 주요 지역 밖으로는 비너스 신전이 있다.

술의 신 박카스 신전

6개의 기둥만 남아 있는 쥬피터 신전

리블라(안자)

🔵 소바 왕국의 안자(리블라) 유적 레바논

소바는 오늘날 레바논과 안티 레바논 산맥 사이의 베카 계곡 지역에 있던 아모리 족속(후대의 아람족)의 성읍내지는 왕국이다. 그 중에 오늘날 안자는 소바 왕국 중 하나의 성읍이었다. 그러나 소바 왕국의 성읍들에 대한 정확한 위치는 파악되고 있지 않다. 사울과 다윗은 소바의 왕인 하닷에셀과 싸워 많은 전리품을 획득했다(삼상 14:7, 삼하 8:3-9). 이후 소바는 암몬과 연합하여 다윗과 대적했다.

🔵 안자(리블라) 유적 레바논 베카 계곡

시리아의 성지

1.국가개요

아랍 국가 중 하나인 시리아는 아시아 대륙의 서쪽 끝에 위치하여 유럽과 아프리카 양대륙를 연결하는 지리적 위치를 지니고 있다. 동쪽으로는 지중해와 레바논을 접하고 있으며, 이스라엘과는 골란고원을 두고 적대관계를 갖고 있다. 남서부에 레바논 산맥과 접하고 있는 것을 제외하고는 국토의 대부분이 200m 정도의 동쪽으로 완만한 경사지와 대지의 시리아 사막이 차지하고 있다.

2.역사

시리아는 오스만 터키(투르크) 제국 치하에서 그리스도교도에 의해 정치적인 자립을 지향하는 아랍어 부활 운동이 전개되었고 이슬람이 지원하였다. 그리고 제1차 세계대전 중에는 아랍의 독립을 위해 반터키, 반영국의 아랍 반란이 있었으며, 이후 메카의 샤리프 후세인이 1920년 4월에 다마스커스에서 아랍 왕국의 독립을 선포하였다. 그러나 자국의 이권을 주장하는 서구 열강들에 의해 독립을 무시하고 위임통치령이라는 명목의 식민지로 만들어 버렸다. 결국 독립을 선포한 7월에 시리아는 프랑스의 지배하에 들어갔다. 그러나 예상외로 아랍 사상을 강화하여 더 큰 저항을 가져왔고, 제2차 세계대전 중인 1941년 9월에 다시 독립을 선언하였다. 그리고 마침내 유엔으로부터 독립이 인정되었으며 1946년 4월에 완전 독립을 이루었다.

3.여행일반

기후는 해안지대는 지중해성 기후로 강수량이 많으나 동쪽으로
갈수록 내륙성 기후를 가진다. 특히 동쪽 중간에서 끝부분까지는
준 사막 기후를 가진다. 또 북쪽에서 남쪽으로 내려갈수록 고온건
조한 사막적 풍토를 이룬다.

수도인 다마스커스(성경의 다메섹)는 전형적인 오아시스 도시이
다. 주민의 85% 이상은 아랍인이며 그밖에 쿠르드족과 아르메니
아인이 있고 소수로 유대인, 아시아인, 터키인 등이 있다.

종교는 아랍인 인구와 비슷한 85%가 이슬람교도이나 다른 아랍
국가와는 달리 기독교도 10% 정도가 된다.

공용어는 아라비아어이며 외국어 중에는 영어보다 프랑스어(불어)
가 가장 잘 통용된다.

물가는 다른 중동 국가보다는 싼편이다. 특히 교통비가 무척 싸
며 일반생활 물가 역시 저렴하다.

시리아는 사막과 넓은 국토를 가지고 있으며, 성지 또한 장거리
에 있는 곳이 많이 있으므로 교통편과 숙박 시설에 대한 충분한 정
보가 필요하다.

이스라엘과는 골란고원 문제로 가장 적대적 관계를 갖고 있어 이
스라엘의 비자가 찍힌 여권을 가지고는 입국할 수가 없다. 따라서
이스라엘과 시리아 양국을 입국할 때는 반드시 별지에 입국 스탬
프를 받아야 한다. 북한과는 일찌부터 수교관계를 맺고 있으며 특
히 군사적 협력관계가 돈독하다. 우리나라와는 북한보다 늦게 외
교관계를 맺었다.

3.가볼만한 성지

다메섹(다마스커스)

다메섹(다마스커스) 상세도
① 직가 거리 ② 로마때 아치 ③ 움마야 드 사원 ④ 아젬(Azem) 궁전 ⑤ 아싸드 파사 숙소 ⑥ 아나니아교회 ⑦ 성문

◎ 성채 위에서 본 오늘날 다메섹 서쪽 모습

다메섹은 현재 시리아 공화국의 수도로서 남서쪽에 는 헤르몬(Hermon)산을 안고 안티(Anti) 레비논 산맥의 동쪽 기슭에 위치하고 있다. 이 곳은 해발 685m의 고지에 있는 성이며 강과 운하에 의해 물 이 공급되는 사막 가운데 있는 녹지대이다. 이 도시 는 안티 레바논 산맥으로부터 흘러 내려오는 나흐 르 바라다(Nahr Barada, 아마나강) 강변에 있 고, 도시 남쪽에는 나흐르 엘 아와이강(Nahr el-Awai, 바르발강)이 남쪽으로 흐르고 있다. 시리아 (Syria, 수리아, 히브리 명칭은 Aram)의 한 도시인 다메섹의 현재 이름은 다마스커스라고 부르고 있다. 다메섹은 오랜 옛날로부터 군사상, 상업상으로 매우 중요한 도로가 이 곳에서 교차한다는 지리적 조건 때문에 언제나 상업 및 종교의 중심지로서 중요한 역할을 하였다.

성서 시대의 다메섹은 아람(수리아) 왕국의 수도였 는데(창 14:15:15:2, 왕하 8:7,9, 사 7:8). 당시 아람 왕의 군대장관은 나병에 걸린 나아만이었다.

다메섹 근교의 카오캅(바울 회심)교회

사울이 다메섹에 있는 예수의 제자들을 잡기 위해 가는 도중 부활한 예수를 만나 말에서 떨어진 곳에 세워졌다.

다메섹의 직가 거리

다메섹 시가지는 고금을 통하여 대단히 번화 했으며 현재도 시장 중심가를 지나면 직가라 하는 거리가 일부 남아 있다(행 9:1).

다메섹의 아나니아 기념교회 내부(좌)와 바울에게 안수하는 아나니아 석고상(우)

아나니아 기념교회는 사울(바울)이 부활한 예수를 만난 후 아나니아에게 안수를 받아 다시 보게
된 것을 기념하여 세운 것이다. 다메섹 성문으로 들어가자마자 직가 거리에서 오른쪽으로
100m 정도 들어가면 있다. 교회는 지하에 있으며 입구에는 근래에 아나니아에게 안수받는 바
울상을 조각해 놓았다. 바울은 안수를 받음으로 다시 보게되었다.

다메섹의 옛 성벽(좌)과 바울이 광주리를 타고 피한 곳의 광주리기념교회(우)

바울이 유대인을 피해 잠시 숨은 곳　　　　**2층에서 줄을 달아 물건을 파는 상인**

다메섹에는 바울외에 세례자 요한의 무덤으로 전해지는 곳이 다메섹 시장 옆의 움나야드 회
교 사원내에 있다. 그러나 단순히 전해오는 전승일 뿐이다. 그리고 지금은 불안한 정세로 인
해 순례를 할 수 없지만 고고학 박물관을 가면 성경과 관련된 유물들을 많이 접할 수 있다.

다드몰(팔미라)

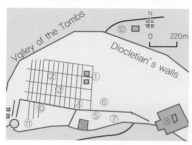

⬆ 다드몰(팔미라) 상세도
① 바알 샤민 신전 ② 비잔틴때의 교회들
③ 로마때 집 ④ 분수대 ⑤ 야외극장 ⑥
디오클레인Diocletian)의 목욕탕 ⑦ 느보
신전 ⑧ 벨 신전 ⑨ 아고라 ⑩ 주랑이 있
는 거리 ⑪ 다메섹문 ⑫ 박물관

⬦ 열주 기둥이 있는 다드몰의 중심 거리

다드몰(팔미라, Palmyra)은 오론테스강과 유프라
테스강 중간의 시리아 사막에 있는 종려나무가 무
성한 오아시스에 솔로몬이 세운 도시이다(대하
8:4). 이 지역의 현재 아랍 명칭은 투드몰이고, 신약
시대에는 팔미라로 불리었다. 왕상 9:18에 있는 병
행귀절에서 히브리어 본문 자체는 다몰로 되어 있
다. 다드몰과 다몰은 같은 의미를 가지고 있다.

다메섹에서 하란까지 갈 경우 다드몰을 경유해서
가야 했다. 이 길은 유프라데스강까지 이른다. 이
곳에서 발견된 BC 19-18세기의 설형문자 비문들은
이때 이미 사람이 거주했음을 말하고 있다.

다윗의 영토는 북쪽으로 다드몰과 딥사에 이르는
중요한 무역로들을 포함하여 다메섹과 시리아 지역
까지 이르렀다. BC 64년에 마르쿠스 안토니우스는
바벨론과 인도와의 무역거래를 통해 부유하게 된
이 곳의 상인들을 침공하였다.

이 곳은 초기 로마 시대에 있어서 상당한 상업적
부유함을 누렸고, 하드리아누스(AD 117-138년) 통
치하에서는 많은 건축물들이 세워졌으며, 오데나투
스와 그의 미망인인 제노비아 치하에서 그 명성과
최고의 번영을 누렸다. 그러나 270년에 아우렐리우
스에게 패배한 후 272년에 함락되어 로마에 합병되었다. 그후 유스티니아누스에 의해 요새화되
었다가 7세기에 이슬람 교도들에 의해 멸망되었다.

⬦ 성채에서 본 다드몰 전경

○ 벨 신전

다드몰의 아람족들이 섬겼던 주요한 신은 별들의 운행을 주관하는 불이었으며, 별의 운행과 관련이 있는 바빌로니아의 벨마르둑 신과 동일시됨으로써 벨이라는 이름을 갖게 되었다. 그들은 주신 벨과 태양신 야르히볼 및 달의 신 아글리볼을 관련지어 생각했다.

○ 바알 샤민 신전 외경

다드몰에는 바빌로니아의 벨마르둑 신과 동일시되는 벨신 외에도 하늘 신이며 하다드와 거의 같은 페니키아의 바알 샤민을 중심으로 한 세 신을 섬겼다. 2세기에는 '그 이름이 영원히 축복을 받을 자비롭고 선하신' 이름 없는 신에 대한 숭배와 함께 일신론적 경향을 띠게 되었다.

네 형제의 묘

다드몰의 사거리

로마 황제 하드리안 문

다드몰의 야외극장

오늘날 팔미라(다드몰) 유적지를 포함한 마을은 타드무르시라고 부르며 홈즈주(州)에 속해 있다. 인구는 2000년에 2만 5천명 정도 상주하고 있으며 이란과 레바논의 송유관이 지난다.

하맛

🔵 고대 수차가 보이는 오론테스강의 하맛

하맛(Hamath)은 다메섹 북쪽 214km, 시리아 중부의 고대 오론테스 강변의 현재 나흐르 엘 아시(Nahr el Asi)이다. 에블라 문헌에서는 에마투(Ematu)로, 시리아-힛타이트 설형문자 비문에서는 아마투(Amtu)이며, 셀루커스 왕조때(BC 175-164년)에는 에피파네이아로 개칭되었는데 현재 지명은 하마(Hama)이다.

하맛은 오랫동안 독립 왕국의 중심지였다. 다윗때에는 하맛 왕국의 수도였으며, 다윗은 이 왕국과 상호 협력관계를 유지했다. 그래서 소바 왕 하닷에셀을 물리칠 때 하맛 왕 도이(Toi)의 도움을 받았으며, 다윗은 소바와 동맹을 맺었다(삼하 8:3-12 참조). 솔로몬은 이 곳까지 진출하여 요새를 세웠다. 오늘날 직물 산업의 주요 도시인 하맛은 고대 수차가 있는 아름다운 도시이다.

🔵 하맛의 옛 주거지 원경(언덕위)

두라(두라 유로포스)

🔵 두라 유로포스의 성문

🔵 평지에 세워진 두라 유로포스의 성벽

두루(Duru)라고 불리는 바벨론식의 지역들이 있는데 두라라는 말은 바벨론어로 '벽'(wall)을 뜻한다. 아카드어로 두라는 '경계선으로 둘러싸인 부분', '벽으로 둘러싸인 곳'을 의미한다.

두라의 위치에 대해서 제기되는 장소들 가운데는 바벨론 북서쪽 420km, 현재 시리아에 있는 두라-유로포스(Dura-Europos), 하볼과 유프라테스 강이 만나는 바벨론 남쪽 툴룰 두라(Tulul Dura)가 있는데 아마 텔 데르(T. Der)를 말하는 것 같다. 텔 데르는 바벨론 남쪽 9.6km, 바그다드 남서쪽으로 27km 떨어진 곳이다. 이 가운데 두라 유로포스는 오늘날 시리아의 알렙포와 이라크의 바그다드 사이에 있다. 유프라테스 강 바로 서쪽에, 유프라테스 강으로 유입되는 하볼(Habul) 강이 있는 데이르 에스 조르(Deir ez-Zor) 남쪽 96km 지점이다.

두라는 바벨론 왕 느부갓네살이 모든 사람들이 경배해야 할 신상을 세웠던 곳으로, 히브리 성경에서는 두라(단 3:1)로 언급된다. 이곳에는 교회터와 회당터와 신전터 등이 있다.

에드레이(다라)

⊙ 요르단과 국경 지역에 있는 에드레이 시내

에드레이는 다메섹 남쪽 95km, 요단강 동쪽으로 50km 지점에 있는 오늘날 요르단 국경지역에 있는 다라(Dara)이다. 해발 574m의 비옥한 지역에 위치한 에드레이는 바산 왕 옥이 거하던 성읍이다.

이 곳은 바산과 길르앗의 경계를 이루는 야르묵강이 내려다 보이는 절벽 위에 세워졌다(신 1:4, 수 12:4). 그러나 모세는 에드레이 외곽에서 바산 왕 옥을 패배시킨 후 이 곳을 점령했다(신 21:33-34). 그후 므낫세 반지파의 마길 자손에게 분배되었다(수 13:12,31). 헬라와 로마때에는 화페주조의 특권을 누리기도 했다. 이 곳에서는 BC 3천년대 이후의 유물이 많이 출토되었다.

우가릿트

⊙ 우가릿트의 다곤 신전터

우가릿트의 다곤 신전의 특징은 크기와 배치 및 방위에 있어서 바알 신전과 동일하다. 다곤 신전터는 바알 신전의 동남동 약 51m 지점에서 발견되었다. 이 신전은 종교의식이 행해지는 제단이 있는 넓은 안뜰에 자리잡고 있었다. 바알 신전의 제단에 계단이 2개 있는 것으로 보아 다곤 신전의 제단에도 계단이 있었던 것으로 보인다. 제단 너머에는 성소가 있었고 그 뒤쪽에는 지성소가 있었다. 지성소로 들어가 오른쪽을 향하면 제단과 우상이 있었고 우상은 제단이 계속 이어진 단 위에 놓여 있다. 이곳 우가릿트가 다곤을 위한 것이 틀림없다는 것은 이 자리에서 발견된 2개의 봉헌 돌기둥으로 확인된다. 다곤은 물고기를 뜻하는 히브리어 다그(dag)로 다곤은 이 말을 초기에 오역한 데서 기인된 것이다.

알렙포와 마룰라

알렙포는 시리아의 수도 다메섹 다음으로 큰 4천년의 역사를 가진 다메섹 북쪽에 위치한 대도시이다.

마룰라(Maalula)는 다메섹 북쪽에 있는 아람어를 사용하는 기독교인 마을이다. 이 곳에는 타크라 교회가 있다.

⊙ 알렙포 성채

⊙ **마룰라의 타크라교회**

이라크와 이란의 성지

(모술)니느웨 ●
갈라(니므롯) ●
하트라 ●
누지
앗수르 ●
알벨라 ●
이
유프라테스강
티그리스강
라
투룰 ●
바그다드 ●
십팔 ●
바벨론 ●
구다(보르십파) ●
악갓 ●
갈레(닙푸르) ●
크
에렉 ●
우르 ●

카스피해
티그리스강
테헤란 ●
악메다(에크바타) ●
유프라테스강
이
란
에스파한 ●
수산(수사) ●
초가잠빌 ●
아와즈 ●
파살가데 ●
페르세폴리스 ●
쉬라즈 ●
페르시아만
● 성경지명

이라크와 이란의 성지순례

이라크의 성지순례

1.국가개요

　이라크는 서남 아시아에 위치한 면적 43만 5000㎢ 정도되는 공화국이다. 동쪽에 이란, 북쪽에는 터키, 서북쪽에 시리아, 서쪽에 요르단, 남쪽에 사우디아라비아와 쿠웨이트 등 무려 6개국과 국경을 접하고 있다. 국토 중앙에는 고대 메소포타미아 문명이 일어났던 티그리스와 유프라테스 두 강이 흐르는 메소포타미아 평원이 있으며 그 두 강 유역을 기준으로 북부에서 북동부에 이르는 쿠르디스탄 산지는 이란의 자그로스 산맥에 이어지는 험준한 습곡산맥으로 해발 3000m의 높은 산들을 볼 수 있다. 그리고 서부와 남서부는 시리아와 아라비아 대지가 있다.

2.역사

　이라크 지역은 유프라테스와 티그리스 두 강 사이에 일어난 메소포타미아 문명이 발생한 곳이다. BC 4천년대의 선사 시대 유적이 많은 이 곳은 수메르, 바벨론, 앗시리아 등의 고대국가가 흥망한 곳이다. 7세기 중엽 이슬람의 침략으로 그 세력에 들어간 후 8세기 중엽에는 이슬람의 중심 지역으로의 역할을 담당했다. 그러나 11세기 중엽 이후에는 셀주크, 몽골, 티무르의 지배를 받았다. 1534년부터 제1차 세계대전까지는 오스만 터키 제국의 속주가 되었다. 제1차 세계대전 후에는 영국의 위임통치령이 되었다가 1932년 독립을 이루었다. 그후 1958년 7월 군부의 혁명으로 군부 주도형의 공화국이 되었다.

3.여행일반

언어는 아랍어를 공용으로 사용하고 있으며, 통화는 디나르 단위를 사용하고 있다.

경제는 70% 이상이 석유 산업이며 인구의 80%는 농업에 종사하고 있으나 이란과의 전쟁과 정치적인 상황으로 생활경제는 피폐되어 있다. 더구나 2003년 미국의 침공 이후 더욱 정치, 사회적으로 불안한 가운데 있다.

교통은 바그다드에서 시리아와 터키로 통하는 바그다드 철도와 바그다드와 바스라 사이의 간선철도가 있으며, 자동차 도로는 비교적 잘되어 있는 편이다. 바스라 항구는 이라크 최대 무역항구이며, 국제공항은 바그다드와 바스라에 있으나 자유로운 운항은 이루어지지 않고 있다.

주민의 80%는 아랍인이며 나머지는 쿠르드족과 아르메니아인과 유대인 기타 아시리아인 등이다.

종교는 주민의 95% 이상이 이슬람이며 그중에서 북부지역은 정통파와 수니파가, 남부지역은 본파인 시아파가 많다.

종교적으로 이라크는 구약성경의 중심 배경이 된 지역으로 이 곳에는 아브라함의 고향인 갈대아의 우르를 비롯하여 바벨론, 앗수르, 요나가 회개를 외쳤던 니느웨 등 구약의 중심 성읍들이 있다. 그리고 느부갓네살 왕궁, 바벨탑 추정장소, 요나의 무덤 등이 있다. 그러나 전쟁으로 인한 정치적인 불안과 내분과 테러 위험 등으로 민간인은 오랜기간 동안 방문하지 못할 것으로 생각된다.

우르

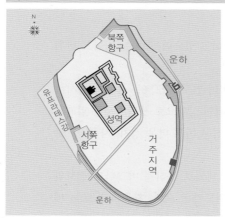

아브라함때 우르 상세도

갈대아는 바사(페르시아) 나라 서편 유프라테스 강과 티그리스강 하류 사이에 소재한 지역으로 고대 메소포다미아(Mesopotamia), 즉 오늘의 이라크와 이란의 남서부 지방이다. 메소포다미아는 헬라어로 '강 사이의 땅'이란 뜻이 있다. 우르는 갈대아 지역에 있는 도시로 아브라함 당시 크게 번성했다. 북쪽은 산지와 구릉, 사막지대가 계속 되는데 남쪽은 저지대로 광대한 습지대이다. 산지의 강우량이 많아 저지대에는 농경이 성한데 특산물로는 종려가 많다. 동쪽과 북쪽의 산지는 오늘의 유전지대이다.

우르는 아브라함이 출생한 고향으로(창 11:27) 성경에는 반드시 갈대아 우르라고 기록되었고, 옛날부터 메소포다미아의 고도였음이 분명하다. 본래 홍수 이전부터 성읍이었던 우르는 대홍수로 파괴되었다가 재건되었다.

🔼 **우르에서 출토된 도박판** 영국, 대영 박물관

지구랏트가 보이는 우르

바벨탑 건축 실패 이후 전형적인 고대의 탑신전인 이 지구랏트는 현재 가장 높은 언덕이 되었으며, 아브라함 시대에는 이 성에서 가장 큰건물이었을 것이다. 이 신전은 벽돌로 만든 축대가 층을 이루고 축대에는 나무를 심고 맨 꼭대기에는 달신의 성역이 있었다. 원래는 3단으로 되어 있었으나 지금은 맨 밑층만 남아 있다.

🔼 **아브라함의 집터가 있는 곳(상)과 제사장들의 집(하)**

바벨론 지역

고대 바벨론 도시 상세도

평지에 세워진 두라 유로포스의 성벽

바벨론은 도시의 이름인 동시에 고대 바벨론 나라의 명칭이기도하다. 도시 바벨론은 메소포타미아의 유프라테스강 유역의 시날(Shinar, 창 10:10) 땅에 위치한 성읍이다. 오늘날 이라크 남부의 북쪽지역으로 바그다드에서 남쪽으로 50km, 힐라(Hillah) 북쪽 8km 지점에 있다. 이 고대 유적지는 북쪽에 바빌 언덕과 남쪽의 메르케스(Merkes) 및 호메라(Homera) 언덕들이 있다. 바벨론의 최초 건설은 니므롯이 에렉과 악갓를 건설하기 전에 건설한 것으로 창세기에 나타난다.

신바벨로니아 시대의 느부갓네살 1세는 바벨론을 크게 부흥시켰다. 그러나 BC 852년 이후에는 앗시리아에게 간섭을 받았으며, 갈대아의 통치때에는 나보폴라살(BC 626-605년)에 의해 재건되기 시작했다. 그 아들 느부갓네살 2세는 바벨론의 정치적인 위신을 회복하고 예루살렘과 유다에 있었던 보물을 빼앗아 이 곳으로 가져왔다(왕하 25:13-17). 이후 나보니두스왕은 아라비아에서 10년간 있는 동안 그의 아들겸 공동 섭정자인 벨사살에게 바벨론을 맡겼다. 그러나 바벨론은 바사에 의해 BC 539년 점령당하고 벨사살 역시 그 해에 사망했다(단 5:30).

바벨론 왕궁 고대 바벨론

왕궁은 나보폴라살이 건축하여 그 후계자들에 의해 완성되었다. 행렬도로에서 왕궁으로 들어가면 넓은 궁정이 있고 그 옆에 왕위 친위대 병사들의 막사를 지나 넓은 복도를 지나면 세 번째 궁정에 이른다. 그 남쪽에는 왕실이 있다. 이 곳에는 왕과 왕비 및 개인적 수행원들의 거처도 있다.

복원된 이쉬타르문 고대 바벨론

이쉬타르 성문은 2개의 탑이 있는 12개의 성문으로 청색과 흑색의 유약을 바른 벽돌로 만들어졌다. 그리고 말둑 신을 상징하는 무스루슈(Musrussu, 뱀, 사자, 독수리 발톱을 가진 괴물) 575마리와 황소 모양의 하닷(Hadad)이 번갈아 가며 부조되었다. 현장에는 문이 복원되어 있다.

바벨탑 건설 장소로 추정되는 곳(좌)과 바벨론의 돌 사자상(우)
뒤에 보이는 것은 느부갓넷살 왕궁터가 있는 고대 바벨론 지역이다.

⊕ **느부갓네살 왕궁의 성문과 성벽**

평지에 건설된 바벨론은 이중 성벽으로 둘러싸여 있었다. 임구르 엔릴(Imgur-Enlil)이라 부르는 내벽은 6.5m 두께의 진흙 벽돌로 건설되었으며 이 성벽에는 18m 간격을 두고 돌출된 길이 있었고 그 위에 망대가 100개 이상 세워져 있었다.

앗수르

⊕ **앗수르의 지구랏트**

앗수르는 메소포타미아 북부 티그리스 강변 지역에서 일어난 앗시리아 제국의 첫 번째 수도이다. 이곳은 모슬(니느웨)에서 티그리스강을 따라 남쪽으로 약 100km 떨어진 칼라앗 세르갓이라는 유적지이다. 구약성경에서 앗수르라는 말은 도시와 나라 이름, 왕의 이름(창 10:11)으로 사용되었다. 북쪽과 동쪽은 강이 자연적인 방어를 해주고 있으며, 남쪽과 서쪽에는 방어벽을 통해 도시를 방어했다. BC 2500년 전후에 세워진 이쉬타르 여신전은 앗수르에서 가장 오래된 건축물이며, 이후 왕궁과 신전들이 건축되었다. 그러나 BC 614년에 메대와 바벨론의 연합군에 의해 함락되고 BC 612년에는 니느웨 도시도 함락되었다. 당시 앗수르우발은 마지막 보루인 하란의 탈환을 위해 이집트 바로 느고의 도움을 받게 되었으나 실패했다. 이때 유다의 요시아왕은 바로 느고를 므깃도에서 저지하다가 전사했다(왕하 23:29–30).

앗수르의 북서쪽 문

앗수르 앞을 흐르는 티그리스강

니느웨(모슬)

🟢 요나의 무덤이 보이는 니느웨(오늘날 모슬)

니느웨는 메소포타미아 일대의 티그리스강 유역에 자리잡은 현재 이라크 영내에 속해 있다. 현재 모슬(Mosul)에서 곧바로 강을 건너면 티그리스강의 동편에 위치하고 있다. 니느웨는 인류의 역사와 함께 세워진 장구한 역사를 지닌 고도로서 이 곳의 유적지는 2개의 커다란 큐윤지크 언덕과 네비유누스 언덕이 구획을 짓고 있다. 성 주위에는 약 13km에 이르는 정방형의 성벽으로 에워싸여 있다. 그 면적은 욘 3:2에 니느웨성을 한번 도는데 3일 길이라고 할만큼 커서 220만평에 달한다.

🔼 고대 니느웨성 상세도

니느웨가 성경에 처음 소개된 것은 창세기이다. 노아 홍수 이후 노아와 자손들이 세상에 흩어져 살 때, 함의 계통에서 니므롯이란 영걸이 출생한다. 그는 막강한 권력을 가졌기 때문에 여러 곳에 큰 도시를 건설했는데 당시 세운 도시 가운데 하나가 곧 니느웨이다(창 10:8-12). 예루살렘 침공에 실패한 산헤립은 간신히 목숨을 보존하여 귀국하여 니느웨에 돌아갔으나 그들이 주로 섬기는 우상신 니스록의 묘에 경배할 때에 피살 당했다. 이 니느웨성은 상업이 번창하여 국민생활이 윤택해지자 범죄가 극심하여 하나님의 심판대상이 되었다. 결국 요나 선지자를 보내어 멸망을 경고하자, 임금 이하 온 국민들이 회개함으로 일단 멸망은 보류되었다(욘 3:4-10). 그러나 BC 606년에 바벨론에게 패망되었는데 이 것은 선지자 나훔과 스바냐의 예언이 응한 것이다(나 3:7, 습 2:13).

니느웨의 도서관 규모가 밝혀졌는데 주로 점토로 만든 서판이었고 설형문자 비문도 발굴되었다. 그 내용으로는 언어학, 천문학, 점성술, 종교적 문헌, 법전, 과학서적과 기구, 문학과 예술, 역사서와 연대표, 상업서 등의 서판이 무려 2만 6천개나 소장된 것으로 알려졌다.

요나의 무덤이 있는 에살핫돈 궁전

남아 있는 니느웨 성문

구다(보르십파)

◈ 성경에서 구다로 알려진 보르십파

구다로 알려진 곳은 텔 보르십파이다. 오늘날 이 곳은 아랍명으로 텔 이브라힘(Tell Ibrahim, 아 브라힘)이며 보르십파는 학술용어이다. 이 곳에 있 는 신전탑을 바벨탑으로 보는 이도 있다. 이브라힘 분묘가 있는 이 곳은 1881~1882년 홀무스 랏삼의 발굴로 상당히 큰 도시임이 밝혀졌으며, 지하 세계 의 왕인 네르살에게 바쳐진 에쉬드람 사원이 발굴되었다. 바로 근처에 아브라함을 젖먹였다고 전해지는 동굴 위에 세워진 이브라힘 사원이 있다.

갈라(니므롯)

살만에셀 3세가 건설한 갈라(니므롯)의 지구 랏트 원경

갈라(Calah)는 니므롯(Nimrod) 또는 그의 나 라에서 온 사람들이 건설한 앗시리아의 고대 성 읍이다(창 10:11). 수메르어로 '거룩한 문'이란 뜻의 갈라는 앗수르 북쪽의 티그리스 강변에 있 는 오늘날 니므롯이다. 발굴 결과 이 곳은 벽돌 로 만들어진 약 8km나 되는 성곽이 발견되었는 데 성문은 두께가 37m나 되었다. 그리고 10km 떨어진 티그리스 강물을 끌어들이기 위한 수로 시설도 발견되었다. 그 외에 이 곳에는 니누르 타와 나부 신전이 발굴되었고 많은 조각들과 그 림이 그려져 있는 궁전이 있었으며 약 43m의 높은 지구랏트가 있었다.

지구랏트 옆에는 학문의 신과 그 배우자 타쉬메 툼을 위해 건설된 신전이 있고, 신상을 놓기 위 해 사무를 보던 작은 방들이 발견되었다.

갈라의 나부 신전터(상)
앗수르바니팔 궁전 입구(중)
앗수르바니팔 궁전 글씨(하)

갈레(닙푸르)

갈레(닙푸르)에 있는 엔릴 숭배 신전인 지구랏트

갈레는 니므롯이 세운 왕국의 네 번째 도성으로 일컬어지는 이름으로 창 10:10에서는 바벨과 에렉과 악갓의 세 도성이 함께 언급되고 있다.

오늘날 이 곳은 닙푸르와 동일시되고 있으나 정확한 위치는 알려져 있지 않다. 닙푸르는 BC 3천년경부터 거대한 종교도시로 성장했다.

에렉

에렉의 지구랏트

지구랏트 앞에는 발굴 후 다시 모래로 덮어 버린 것이 보인다. 에렉(Erech)은 창 10:10에 나오는 니므롯이 건설한 성읍 가운데 하나로 바벨론 남동쪽 160㎞ 떨어진 곳의 유프라테스강 동쪽에 자리잡고 있다. 현재 와르카(Warka)인 이 곳의 비문에는 우룩(Uruk)으로 나타나는 수메르에서 가장 크고 중요한 성읍 중 하나였다. 이 곳에는 진흙과 짚을 섞어 만든 벽돌에 역청을 채워 만든 이난나 신전이 있다.

사마라

바벨탑을 연상케 하는 회교 첨탑

이라크 사마라에 있는 그레이트 모스크 알무타와킬 사원의 나선형 첨탑으로 847년 내화의 벽돌로 축조되었다.

이 회교 사원의 탑은 바벨탑을 연상케 한다. 고대에는 가장 높은 곳에 신전이나 신전탑을 세웠는데 메소포타미아 지역은 대부분 평지로 되어 있어 신전탑을 쌓아 제사를 드렸다.

바그다드를 흐르는 티그리스강

오늘날 이라크 바그다드 시내를 관통하는 티그리스강의 야경

티그리스강은 오늘날 대부분 이라크 지역을 통과하는데 이라크 수도 바그다를 관통한다. 티그리스강은 유프라테스강과 더불어 인류 최초의 메소포타미아 문명을 발생시킨 곳이다. 메소포타미아란 '두 강 사이'란 뜻이다. 이 강은 에덴동산에서 흘러나온 네 강 중 힛데겔강으로 주장되는 곳이다.

이란의 성지순례

1.국가개요

북쪽의 카스피해와 남쪽의 페르시아만, 그리고 파키스탄, 아프카니스탄, 터키, 이라크, 사우디아라비아 등과 국경을 접하고 있다. 옛날에는 페르시아라고 불렀으나 1935년에 '아리아인의 나라' 라는 뜻의 이란으로 개칭하였다.

면적은 한반도의 7.5배인 164만 8000㎢이며, 민족은 이란족이 50% 정도이고 아제르바이잔족 25%, 쿠르드족과 터키계가 나머지를 차지하고 있다. 공식언어는 퍼르시어(Farsi, 페르시아어)이다. 이란인의 절반 이상이 이란어를 사용하고 있고 일부 아자리 투르크말어, 길라키어와 쿠르드어 등을 사용하고 있다. 종교는 본래 배화교(조로아스터교)였으나 오늘날에는 헌법에 따라 시아파 이슬람을 공식적인 종교로 삼고 있다. 인구 중 98% 이상이 이슬람 신도이며 일부 배화교가 남아 있다. 화폐 단위는 리알(Rial)이다.

기후는 건조 기후와 고원, 산지, 사막으로 되어있는데 그중 대부분을 차지하고 있는 중앙고원 지역은 강우량이 적다. 여름에는 덥고 겨울에는 추운 대륙성 기후를 갖고 있다. 따라서 농사는 물이 적어 물을 얻을 수 있는 한정된 지역에서만 이루어지고 있는데 총 면적의 10% 정도이다. 수도인 테헤란을 기준으로 5-9월이 여름이고, 12-2월은 겨울이다.

정치는 이전에는 독재 군주체제 하에 있었으나 1906년 입헌 혁명 이후에는 입헌 군주정체를 취하고 있다. 국왕은 대권을 가지며 모든 법령은 국왕의 이름으로 시행되며 수상과 상원의장 임면권을 가진다. 의회의 소집과 해산도 국왕의 권한에 있다. 입법은 상하 양원으로 되어있으며 임기는 4년이다. 한국과는 1962년, 북한과는

1973년에 수교를 체결했다.

2.역사

이라크와 마찬가지로 BC 4000년경의 선사 유적이 많다. 그러나 이란 고원에 최초로 건국한 나라는 지금의 하마단인 에크바타를 수도로 삼은 메디나 왕국(BC 8-6세기)으로 이는 이후 파르스 지역에 일어난 아케메네스 왕조의 의한 페르시아이다. 그러나 아케메네스 왕조도 BC 331년 알렉산더에 의해 멸망당했다. 그후 셀레우코스 왕조, 파르티아 제국을 거쳐 AD 3세기초에 사산조 페르시아가 탄생했다. 그러나 사산조 페르시아도 651년 아랍인의 침입으로 멸망당했다. 그후 이란은 정치적으로 아랍의 지배를 받았다. 9세기에 한동안 사파르 왕조, 사만 왕조가 일어났으나 11세기 다시 외부의 지배를 받았다. 그러다가 1502년 사파비 왕조가 일어나 강력한 이란 민족국가가 부활하였다.

이후 여러 차례 변화를 거친 후 1906년 헌법이 제정되었고, 1925년 코자크에 의해 무력에 의한 정치개혁으로 팔레비 왕조의 기초를 닦았다. 이후 중앙집권제를 실시하는 한편 국제연맹에 가입했으며 유럽 세력의 배제를 위한 투쟁을 펼치며, 1935년에는 국호를 이란으로 선언하였다. 그러나 1973년 보수적인 시아파 회교도의 반팔레비 투쟁으로 1979년 집권 37년만에 미국으로 망명하고 회교 혁명을 주도한 호메이니가 실질적인 지도자가 되었다. 현재는 이슬람 종교세력에 의한 혁명 정권이 수립되었으나 보수와 진보 세력간의 갈등은 계속되고 있다.

3. 가볼만한 성지

수산(수사)

페르시아(바사)때의 수산 궁터

수산(수사)은 선사 시대에서 페르시아 제국에 이르기까지 이란 문명의 정치적, 경제적 중심이었던 고대 도시이다. 현재는 이란(Iran) 나라에 속해 있고 슈스(Shush)라고 불린다. 지리적으로 메소포타미아에 연속되어 있어 문화가 크게 발달되어 설형문자와 12진법이 채용되었다.

수사는 느 1:1과 단 8:2에 소개되었고 에스더서에는 여러번 기록되었다(에 1:2, 5:2, 9:6,). 특히 성경에 소개된 아하수에로왕 시대에 수산궁은 화려와 사치가 극에 달하였다. 다리오(다리우스) 대왕때의 비문에서 수산궁의 건축에 언급된 부분을 보면 레바논과 간다라에서 많은 재물을 가져왔으며, 사르디스와 박트리아에서 금을 가져왔고, 코라스미아에서 터키옥을 가져왔다. 한편 은은 이집트에서, 벽 장식품들은 이오니아에서, 상아는 에디오피아에서 가져왔고, 돌기둥은 엘람에서 가져왔다. 그리고 각국 각지에 건축 기능공들(목수, 석수, 벽돌공, 세공가)이 징발되어 왔다는 기록으로 보아 그 사치와 화려함이 얼마나 극에 달했는지 알 수 있다. 현재 이 곳에는 다니엘의 묘가 있어 씨아파 모슬렘교도들에게 참배처가 되고 있다.

수산의 성터

수산(수스)의 현대 모습

수산의 다니엘의 가묘

다니엘은 남유다 왕국이 멸망할 때 BC 605년에 바벨론 포로로 잡혀갔다(단 1:1, 렘 5:1). 그는 바벨론이 바사(페르시아)에게 멸망한 후에도 세 명의 총리 중 하나로 전국을 다스렸다. 그는 수산에서 죽어 묻혔다고 전한다.

악메다(에크바타, 하메단)

○ 눈으로 덮힌 악메다 궁터

악메다(Achmetha)는 메대 제국 수도로 헬라어 명칭은 "엑바타나"이다. 후에 페르시아 제국과 파르티아 왕국의 수도이기도 했던 이 곳은 현재 이란의 테헤란 남서쪽으로 약 280km 떨어진 곳에 있는 하마단(Hamadan)으로 알반드(Alvand) 산의 북동쪽 기슭 근처에 있는 평야에 위치해 있다.

악메다(엑바타나, 에크바파)는 BC 678년 메대 사람인 데이오세스가 세운 것으로 전해진다. 악메다는 BC 550년 페르시아의 고레스(Cyrus)에게 점령당했으며, 헬라의 알렉산더 대왕은 BC 330년에 아케메네스 왕조의 마지막 왕인 다리오 3세로부터 다리오가 예루살렘 재건을 허용한다는 고레스의 칙령을 빼앗았다. 스 6:1-2에 의하면 다리오왕 때 이 악메다에서 고레스의 칙령이 기록된 두루마리를 발견하였다.

악메다 궁터에서 발굴된 돌 사자상

악메다 궁터에서 발굴된 단지 박물관

모드드개와 에스더 무덤 하마단

아하수에로왕의 석비(우) 하마단 근교

이란 하마단(악메다) 서쪽 5km 지점의 압바스 아바드 계곡의 바위에 새긴 것이다. 글자는 설형문자로 엘람어와 바벨론어로 구성되었다. 내용 중에는 "나는 위대한 왕 아하수에로(Xerxes), 왕중에 왕, 아케메니아(Achaemenian)의 군주 다리오의 아들이니라"는 말이 있다.

페르세폴리스

☉ 페르세폴리스의 원경

페르세폴리스는 이란 남서부 팔스 지방에 다리오 1세가 수산(수사)에 이어 세운 페르시아의 수도이다. 산을 배후에 두고 석조 기단을 만들고 그 위에 궁전을 비롯하여 보물창고, 알현실 등을 건축하였다. 특히 알현실은 72개의 큰 돌기둥으로 받혀져 있고 기둥 머리는 황소와 뿔이 난 사자머리로 장식되었다. 그러나 BC 330년 알렉산더의 원정때 대부분 소실되었다.

페르세폴리스의 동쪽 현관문

만국문(Gate of all nations)이라고도 한다. 크세르크세스(아하수에로)때의 것으로 앞의 것이 바벨론때의 것이고, 뒤의 것이 앗수르때의 것이다. 사람 머리에 독수리 날개의 부조가 새겨져 있다.

만국의 문이라고 부르는 것은 당시 페르시아의 아케메네스 왕조가 거느린 속국이 무려 28(24)개국으로 당시 세계 거의 대부분의 나라들을 거느렸다는 의미를 보여주는 의미에서 호칭하는 것이다. 이 문 위에는 두 마리의 스핑크스가 조각되어 있다.

크세르크세스가 건축한 궁전

크세르크세스(아하수에로)는 다리오 1세의 아들로 그가 페르세폴리스에 건축한 궁전은 일명 겨울 궁전이라고 불리운다.

아파타나 계단을 올라가면 대왕을 알현하는 궁전이 있다. 이 방은 높이 19m되는 돌기둥들 36개 위에 서까래를 놓고 지붕을 얹어 만들었다. 알렉산더에 의해 파괴된 이 곳은 현재 13개의 기둥이 남아있다.

이 궁전은 다리오 왕이 시작하여 150년에 걸쳐 완공되었다. 계단 밑에 크세르크세스의 글이 있다.

두개의 새 머리 돌 조각상

보물창고 지역(앞)

아하수에로 부조상

쉬라즈의 낙쉐로스탐

크세르크세스(아하수에로) 무덤

다리오 1세의 무덤, 낙쉐로스탐

파살가데

고레스왕의 개인 궁전터

고레스왕의 무덤

체스폰

체스폰에 있는 쿠세시폰 궁전

이라크 바그다드 남동쪽 40km 지점인 체스폰에 6세기경에 세워진 이 궁전은 아치의 높이가 37m, 너비가 26m이다. 사산조 페르시아 시대의 문화적인 특징과 왕권을 표상하는 궁전으로 건축 특징을 보여주는 대표적인 건물이다. 현재는 그 일부가 남아 있다.

오르미예

동방박사기념교회

본래 명칭은 성 마리아교회이다. 이 곳은 이란의 북부 도시인 오르미예(Orumiyeh) 시내 중심지에 위치했다. 시내 엥겔랍 광장에서 북동쪽으로 100m에 있는 하윰 거리에서 가까운 곳에 있다. 현지말로 "켈리쎄(교회) 마리암 코서스트"라고 한다.

서바나 의 성지순례

서바나 지역의 성지

1. 서바나의 성지

성경에서 언급되는 서바나는 오늘날 포르투갈과 스페인 지역을 가리킨다. 이 곳은 바울이 그토록 가고 싶어했으나 가지 못한 곳이다(롬 15:22-24). 또한 요나가 욥바에서 배를 타고 도망하려고 했던 다시스를 가리킨다고 보기도 한다.

서바나 지역에는 성경에 나오는 성읍이나 성경과 직접 관련된 구체적인 성지는 없다. 다만 기독교와 관련된 교회나 성당의 유적만을 찾을 뿐이다.

스페인, 특히 마드리드의 방문은 개인보다는 단체를 통해 하는 것이 좋으며, 소지품 관리에 특별히 주의해야 한다.

◎ 땅끝 마을인 오늘날 포르투갈 로카곶 (상)과 아침 햇살이 비치는 리스본 남쪽 20km 지점 서바나 서쪽 해안(하)

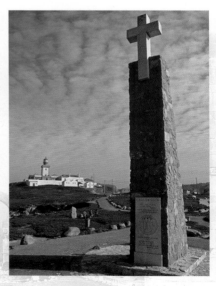

◎ 서바나의 맨 끝인 오늘날 포르투갈 로카곶에 세워진 십자가 탑

노아 후손들과 민족(창 10장)

이들은 노아 자손의 족속들이요 그 세계와 나라대로라. 홍수
후에 이들에게서 땅의 열국 백성이 나뉘었더라(창 10:32).

아스그나스

카스피해

메섹

고멜

도갈마

야완

▲아라랏산

달시스

두발

룻

엘리사

앗수르

마대

지중해(대해)

아람

아르박삿

가나안

바벨론

붓

드단

시날평지

엘람

미스라임

● 셈 ■ 함 ● 야벳

0 250km

구스

바벨탑을 연상케하는 고대의 지구랏트 →

족장 시대의 고대 근동

카스피해

•트로이

고대헷

후리 족

BC1700년 이전

하란

마리왕국

앗수르

가시족

하맛

지중해(대해)

세겜

바벨론

악갓

함무라비 통치 이후
가시족이 바벨론 정복

BC2000년경 아모리족
이 마리왕국과 바빌로니
아 왕국을 건설함

타니스•
놉•

살렘(예루살렘)

우르

페르시아만

이집트왕국
12왕조(BC2000~1788년)

BC1500년경
헷족의 침입

0 230km

홍해

■ 함무라비때 고대 바빌로니아
— 이스라엘 선조(족장)의 이동로

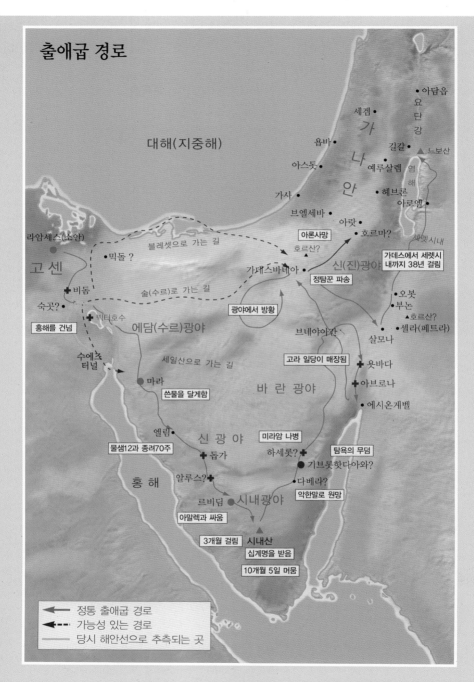

출애굽 경로

대해(지중해)

•아담읍

세겜•

요단강

가나안

욥바•

길갈•
예루살렘 •
•느보산

아스돗•

염해

가사•
•헤브론
아로엘•

브엘세바•

•아랏

라암세스(소안)
아론사망
•호르마?

블레셋으로 가는 길
호르산?
•호르마?
세렛시내

고센
•믹돌?
가데스바네아
신(진)광야
가데스에서 세렛시내까지 38년 걸림

•비돔
술(수르)로 가는 길
정탐꾼 파송

숙곳?
•오봇

빅터호수
광야에서 방황
•부논
•호르산?

홍해를 건넘
에담(수르)광야
•셀라(페트라)

수에즈터널
브네야아간
살모나

세일산으로 가는 길
고라 일당이 매장됨
•옷바다

•마라
•아브로나

쓴물을 달게함
바란 광야
•에시온게벨

엘림
신 광야
미리암 나병

물샘12과 종려70주
하세롯?
탐욕의 무덤

•돕가
•기브롯핫다아와?

홍해
알루스?
•다베라?

르비딤
시내광야
악한말로 원망

아말렉과 싸움

3개월 걸림
시내산
십계명을 받음

10개월 5일 머뭄

← 정통 출애굽 경로

◄--- 가능성 있는 경로

── 당시 해안선으로 추측되는 곳

남북 왕국의 분열
(왕상 12장, BC 928년)

온 이스라엘이 여로보암이 돌아왔다 함을 듣고 보내어 저를 공회로 청하여 다가 온 이스라엘의 왕을 삼았으니 유다지파 외에는 다윗의 집을 좇는 자가 없느니라(왕상 12:20).

금송아지 만듦

두로· ·가나 ·단 수리아(아람)

함몬· ·게데스

악십· ·하솔

악고· 긴네렛·

·가불 ·아스다롯

아벡· 갈릴리 바다 ·아벡

지중해(대해)

욕느암·

돌· 므깃도· ·이스르엘 ·가몬

·벧산 길르앗라못·

·이블르암

·도단 아벨므홀라· 길르앗야베스·

헤벨· ·소고 이스라엘 ·사본

·마하나임 암 몬

·세겜

욕므암· 유다에 대한 의무를 지지않음

가드림몬· ·아벡

욥바 금송아지 만듦

벧호론· ·벧엘 야셀· 랍바·

게셀· ·여리고

아스돗· 아얄론· ·벤여시못 ·헤스본

·가드 ·예루살렘

블레셋 아스글론· ·세렛사할

대부분 성읍이 독립 헤브론· 염해 (사해) ·아로엘

가사· ·엔게디

★아얄론 여리고·

★소라 예루살렘

아세가★ ★소고 에담· ·베들레헴

모레셋가드★ ★아둘람 드고아· 염 해

라기스★ ★마레사 ·벧술 (사해)

헤브론★ ·엔게디

·십

아도라임·

★ 요새 **르호보암의 요새와 성채**

모 압

르호보암이 예루살렘에 거하여 유다 땅에 방비하는 성읍들을 건축하였으니(대하 11:5)

앗수르 제국의 흥망(BC 663년경)

카스피해

바벨론 연합군의 하란 정복으로 앗수르 멸망

• 사데

갈그미스 • 하란 • • 고산

바벨론 연합군이 니느웨를 정복함

딥사 • 니느웨

하맛 • • 레셉

비블로스 • 다드몰 •

• 앗수르 메대군

앗 수 르

지중해(대해)

• 다메섹

앗수르가 이집트 연합군과 전쟁

• 악메다

므깃도 •

예루살렘 •

• 바벨론 • 수산(수사)

두마 •

• 우르

멤피스(놉) •

이집트

■ 디글랏빌레셋 3세때
■ 에살핫돈때
■ 앗수르바니팔때

◀ 이집트군
◀ 바벨론과 메대 연합군
◀ 앗수르군

바벨론 제국(BC 560년경)

카스피해

• 사데

메대

갈그미스 • 하란 • • 고산

딥사 • 니느웨

하맛 • 레셉

비블로스 • 다드몰 •

• 앗수르 메대군

바 벨 론

엑바타나(악메다) •

지중해(대해)

• 다메섹

므깃도 •

• 십팔

사이스 • 예루살렘 •

바벨론 • 닙푸르

수산(수사) •

바사

BC539년에 바사에게 정복당함

페르세폴리스 •

두마 •

데마 •

바벨론의 마지막 왕 나보니두스가 수도를 이전한 곳

이집트

◀ 유다의 바벨론 유배로
◀ 바벨론 나보니두스왕
◀ 바사의 고레스군

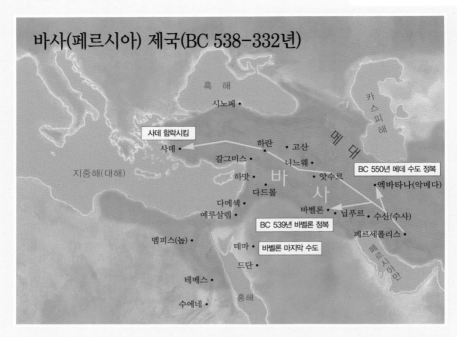

바사(페르시아) 제국(BC 538-332년)

흑 해

카 스 피 해

시노페 •

메 대

사데 함락시킴

사데 •

하란 • 고산

갈그미스 •   니느웨 •

BC 550년 메데 수도 정복

지중해(대해)

하맛 •   바 사   • 앗수르

• 엑바타나(악메다)

다드몰 •

다메섹 •

예루살렘 •   바벨론 • 닙푸르 •   수산(수사) •

BC 539년 바벨론 정복

페르세폴리스 •

멤피스(놉) •

페 르 시 아 만

데마 •   바벨론 마지막 수도

드단 •

테베스 •

수에네 •

홍 해

헬라 제국의 분열(BC 323-30년)

흑 해

카 스 피 해

안티코너스
왕조

• 아덴

• 사데

니느웨 •

갈그미스 •   하란 나시비스 •

• 알벨라

셀루커스왕조

하맛 •

엑바타나(악메다) •

지중해(대해)

비블로스 •

두로 •   닙푸르 •

알렉산드리아 •   • 예루살렘

바벨론 •

톨레미
왕조

카락스 •

수산(수사) •

페르세폴리스 •

페 르 시 아 만

홍 해

예수의 생애와 사역

BC 500년경 견인성을 가진 실질적인 로마인이 이웃의 라틴족과 연맹을 맺어 BC 369년에 북쪽의 에트루스칸을 로마에 예속시켜 로마가 독립을 하였다. 그후 남쪽에 있는 헬라의 식민지들을 하나씩 차지하여 BC 275년에는 이태리 반도를 거의 통일하였다. 이후 약 100년간의 전쟁을 치루는 동안에도 BC 190년에 셀루커스 왕조의 시리아를 굴복시키고, BC 168년에는 애굽 톨레미 왕조의 항복을 받았다. 그리고 BC 146년에는 카르타고를 무찌른 후 마게도냐와 고린도, 아가야에 이르기까지 통치권을 확장시켰다. 오랜 싸움에서 승리한 로마는 넓은 식민지 통치 속에서 정치의 실권을 차지하기 위한 내란에 시달리다가 BC 70년경 폼페이 장군이 통령이 되었다.

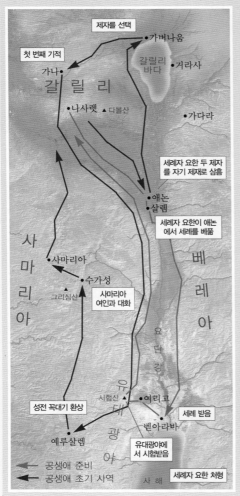

통령인 된 폼페이는 유대 정권에 관심을 갖고 BC 63년 시리아 북쪽을 멸망시키고 다메섹에 입성했다. 이때 유다의 힐카너스 2세와 아리스토불루스 2세에게 동시에 도움 요청을 받았으나 결국 유대 지배권은 힐카너스 2세에게 넘어갔다. 폼페이가 유대정복을 이루고 본국으로 돌아왔을 때 로마는 BC 59년에 쥬리어스 씨저가 통령으로 선출되었다. 그는 8년 동안 유럽 원정을 통하여 골족과 스페인과 헬라 지방에서 원로원 군대를 타파하고 애굽으로 내려가 톨레미 왕조의 크레오파트라와 사귐을 가진 뒤 본국으로 돌아왔다. 그러나 이후 반대당인 원로원에 의해 BC 44년에 암살당했다.

씨저의 뒤를 이어 BC 43년에 옥타비안이 통령이 되었는데 그는 공화정치의 지지자들을 타파한 후 이태리와 서방 전역을 통일시켰고 애굽의 톨레미 왕조의 크레오파트라를 치고 BC 30년 애굽을 로마 영토로 복속시켰다. 이 일로 로마 원로원은 그에게 황제의 칭호를 주었다.

이로써 로마는 서유럽 전체와 카르타고를 비롯한 북부 아프리카는 물론 팔레스틴과 메소포타미아 동부지역까지 이르는 로마제국을 탄생시켰다. 바로 예수 그리스도는 옥타비안(눅 2:1에는 가이사아구스도)이 로마 제국의 황제로서 통치할 때 탄생하였다.

성경역사 지도

예수의 갈릴리 3차와 후기 사역

◄ 갈릴리 3차 사역
◄ 후기 유대와 베레아 사역
◄ 마지막 사역
◄ 요 10:40–11:53

두로와 시돈지역

예수의 변모

▲ 헬몬산

두로 ●

● 가이사랴빌립보

베드로 신앙고백

갈
릴
리

오병이어 기적

가버나움 ● 벳새다
게네사렛 ●

게네사렛

갈릴리
바다

나사렛 ●   ▲ 다볼산

데
가
볼
리

헬몬산과 함께 예수께서 변모한 곳으로 알려진 산

데가볼리(데카폴리스)란 인접한 도시 지역의 연맹제로 특정한 경계선을 갖는 지리적 단위가 아니다.

사
마
리
아

사마리아 ●

세겜 ●

그리심산

● 애논

베
레
아

사마리아인 촌에서 환영받지 못함

복음서의 다른 곳에서는 베레아의 행적을 기록하고 있음

삭개오 회개

유
대

여리고 ●

● 베다바라

예루살렘 ● ● 베다니 벧아라바

마리아집에서 대접받음

예수의 갈릴리 1차 사역

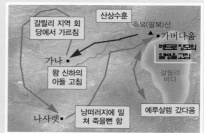

산상수훈

갈릴리 지역 회당에서 가르침

축복(팔복)산

● 가버나움

베드로장모의
열병을 고침

가나 ●

왕 신하의 아들 고침

갈릴리
바다

나사렛 ●

낭떠러지에 밀쳐 죽을뻔 함

예루살렘 갔다움

예수의 갈릴리 2차 사역

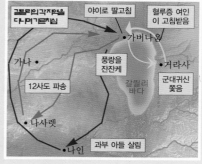

갈릴리의 각지방을
다녀 가르치심

야이로 딸고침

혈루증 여인이 고침받음

가나 ●   ● 가버나움

풍랑을 잔잔케

● 거라사

12사도 파송

군대귀신 쫓음

갈릴리
바다

● 나사렛

과부 아들 살림

● 나인

예수의 마지막 6일간의 행적

── 현재 길
── 현재의 성벽
── 십자가의 길
● 베데스다 연못

겟세마네동산

빌라도관저

성전

헤롯궁전

연못

가야바집
최후의 만찬

한
골
짜
기

기
드
론
골
짜
기

감
람
산

베다니 ①

실로암 연못

바울의 1차 전도여행(행 13:1-14:28)

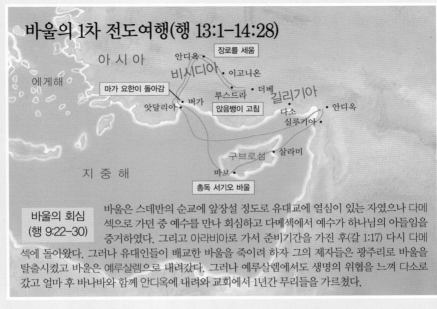

아시아

에게해

비시디아

안디옥 — 장로를 세움

이고니온

마가 요한이 돌아감

루스드라 · 더베

길리기아

앗달리아 · 버가

다소 · 안디옥

앉은뱅이 고침

실루기아

구브로섬 · 살라미

지중해

바보

총독 서기오 바울

바울의 회심 (행 9:22-30)

바울은 스데반의 순교에 앞장설 정도로 유대교에 열심이 있는 자였으나 다메섹으로 가던 중 예수를 만나 회심하고 다메섹에서 예수가 하나님의 아들임을 증거하였다. 그리고 아라비아로 가서 준비기간을 가진 후(갈 1:17) 다시 다메섹에 돌아왔다. 그러나 유대인들이 배교한 바울을 죽이려 하자 그의 제자들은 광주리로 바울을 탈출시켰고 바울은 예루살렘으로 내려갔다. 그러나 예루살렘에서도 생명의 위협을 느껴 다소로 갔고 얼마 후 바나바와 함께 안디옥에 내려와 교회에서 1년간 무리들을 가르쳤다.

바울의 2, 3차 전도여행과 로마행(행 27:1-28:31)

이달리아

아볼로니아 · 빌립보

데살로니가 · 네압볼리

암비볼리 · 사모드라게섬

베뢰아

드로아 · 앗소

비잔티움

환상 봄 · 미둘레네섬

마술사 회개

철학자와 논쟁 · 아덴

기오섬 → 에베소

안디옥

고린도 · 사모섬

밀레도

이고니온

겐그레아

바나바 헤어짐

장막업을 함

머리를 깎음

고스섬 → 니도

버가 · 더베 · 안디옥

루스드라 · 다소

멜리데섬 거쳐 로마로

바다라

무라

실루기아

그레데섬

로도섬

뵈닉스 · 미항 살모네

구브로섬 · 살라미

가우다섬 ↑

풍랑을 만남

바보

지중해

← 2차 전도여행
← 3차 전도여행
로마행

시돈

가이사랴

예루살렘

이름: 순례기간:

추억의 메모(성지의 감동을 다시한번)

성지순례의 감동을 성지전문 싸이트인 photobible.kr에서 다시 만날 수 있습니다.

은혜로운 발자취 **성지순례가이드북**(증보판)

지은이 | 이원희
발행인 | 이재숭
펴낸곳 | 하늘기획
편집디자인 | 박현신, 이원희
1판 1쇄 발행 | 2006년 3월 17일
2판 5쇄 발행 | 2019년 3월 15일

판권, 저작권
지은이소유

서울 중랑구 망우로192 종합기독교백화점내
등록번호 | 제306-2008-17호
서점 총판 하늘물류센타
전화 031-947-7777   팩스 0505-365-0691

Copyright 2015, 이원희 ISBN 978-89-92320-08-5